JN080047

あの場所の意外な起源

断崖絶壁寺院から世界最小の居住島まで

トラビス・エルボラフ
マーティン・ブラウン

湊麻里　鍋倉僚介訳

目 次

本書は英 White Lion Publishing 社の書籍「Atlas of Unexpected」を翻訳したものです。内容については、原著者の見解に基づいています。今後の調査等で新たな事実が判明する可能性もあります。

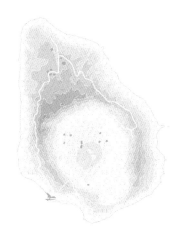

はじめに

アトラスとはギリシャ神話に登場する神の名前だ。オリュンポスの神々への反乱を先導し、その罰として天空を双肩で支える役目を課せられたのが、ティタン族のアトラスだった。地図を集めた書籍を初めて「アトラス」と呼んだのは、ルネサンス最高の地理学者だったゲラルドゥス・メルカトルである。

ゲラルドゥス・メルカトル、本名ゲルハルト・クレメルは靴の修繕屋の息子として生まれ、ドイツのデュースブルクでクレーフェ公ウィルヘルムお抱えの「宇宙誌学者」となった。82歳で亡くなったが、4カ月後の1595年春に、『アトラス、または世界の創造と創造された世界の姿に関する宇宙誌学者の考察』と題された彼の地図帳が出版された。口絵には地球を手で運ぶティタンの巨神が描かれ、メルカトルのこんな言葉が前書きに添えられている。「私はこのアトラスという男を、私自身を象徴するモデルに選んだ。彼の博識さ、人間らしさ、そして賢明さに強く惹かれたからだ」。

息子ルモルドによって仕上げられたメルカトルのアトラスには、107点の地図が収録された。だがそのうち102点はヨーロッパ諸国の地図であり、しかもスペインとポルトガルが抜け落ちていて、「創造された世界」を網羅したものとは言い難かった。少なくともメルカトル自身は、すべての大陸の詳細な地図を収めるつもりでいたのだが、何度も脳卒中を起こして身体の一部が麻痺し、ほぼ盲目になったことで、実現には至らなかった。メルカトルが残した地図のうち、「北極図」などは大部分が創作である。この図に描かれたフリースランドという陸地や、北極点を取り囲む4つの島々は、実在しないことがのちに判明した。フリースランドに関しては、古い時代のでたらめな地図から転載したとみられるが、この地図を作成したニコロ・ゼノという15世紀のイタリア人冒険家は、自身の航海の大半をでっち上げていたとの噂がある。

メルカトルは、アトラスという名前とその定義を確立しただけでなく、あらゆる世界旅行が可能になる未来へと道を開いた。彼が考案した図法によって、球体の地球を紙という平面で表現できるようになったからだ。赤道を基準にして緯線と経線を格子状に配置し、緯度と経度の比率を常に正しく保つというこの図法は、通称「メルカトル図法」と呼ばれる。ある場所から別の場所までの航路を正確に設定できるので、特に当時の船乗りたちから重宝された。メルカトル図法の地図上では、南北の極地を実際より引き伸ばすことで、方位角を一定に保つという厳格なルールが守られている。その欠点の1つは高緯度ほど地形が歪むことであり、グリーンランドが南アメリカやオーストラリアより巨大に描かれるといった奇妙な現象が起きてしまう。

メルカトル図法の利点、例えば明確な航路を表示できる実用性などは、ほかの図面にも活用されてきた。1686年にエドモンド・ハレーが作った最初の天気図も、1974年に初めて撮影されたアメリカの衛星写真もその例外ではない。最近は人工衛星による正確かつピンポイントな位置把握が可能になり、新たな図法も続々と生まれつつあるが、グーグルなど多くの地図作成企業は一貫してメルカトル図法を採用している。

そうした方針の根底には、おそらくある種

の普遍的な同意が存在するのだろう。古いことわざが言うように、地図は決してその場所の真実を映すことはできない。ネット上や現実世界におけるほぼすべての活動が追跡されるようになった現代でも、それは変わらない、と誰もが考えているのだ。

　私たちは先人たちと同様、目的地へたどり着くために地図を見る。しかし旅の途中には、目的地そのものと同じくらい刺激的な体験があり、地図の中には、それが示す土地と同じくらい驚きに満ちた物語がある。メルカトル自身は生涯で1度も航海に出たことはなく、地元から外へ出て旅をする機会も少なかったようだ。それでも、紙の上に地球が表現された彼の地図帳を読めば、私たちは想像力を喚起され、まるで自分が探検家になったかのような気分を味わえる。

　場所に関する噂や伝説、憶測が多く残されていたメルカトルの時代以降、世界は拡大し、同時に縮小を続けている。インターネットが普及した現代では、それまで誰も知らなかった場所が指1本の操作で姿を現し、地図上の時間的・空間的距離がかつての想像を超える規模で短縮された。画面上で見られない

ものはないに等しいのだから、もはやこの地上には驚きなど残されていない、と考える人も増えた。だが、1580年代に誕生した「思いがけない（unexpected）」という言葉は、世界から完全に失われたわけではない。むしろ、どこか変わった場所、普通ではない場所に出会いたいという私たちの欲求は、技術の進歩によって高まるばかりである。精査されて共有される新たな情報やイメージは、メルカトルが製作した地図帳と同様に、これまでにない目的地や体験を求める人々の心を刺激しているのだ。

　そこで本書『あの場所の意外な起源（原題「Atlas of Unexpected」）』では、奇妙で魅力にあふれた古今のさまざまな場所を紹介する。必然の巡り合わせで見つかった場所はもちろん、探検の時代にたまたま発見された場所も多く取り上げている。その地理や構造、現在あるいは過去の状態がきっかけとなって起こる意外な展開に、読者の皆さんにはぜひ期待してもらいたい。これらの想像を絶する場所、ほぼ人の住めない場所にまつわる物語は、地球という惑星の不思議さを改めて教えてくれるはずだ。

9

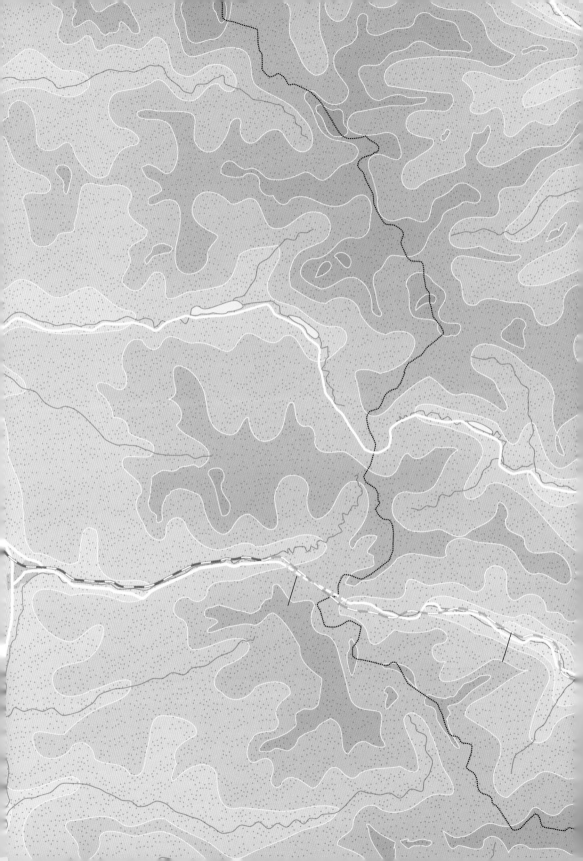

偶然見つかった場所

ACCIDENTAL DISCOVERIES

マデイラ諸島

ポルトガル
大西洋

大西洋沖に浮かぶマデイラ諸島には竜血樹が生い茂り、
紫色の染料が採れる。ヨーロッパ人からは長い間、
謎の島とされてきたが、偶然が重なって発見された。

マデイラ島とその隣にあるポルト・サント島の発見、より正確に言えばそれらの再発見には、2つの偶然が関わっていると言われる。1つは幸せな偶然、もう1つは不幸せな偶然で、後者には映画顔負けのラブストーリーまで絡んでいる。だが、どちらの偶然にも共通しているのは、それが悪天候によってもたらされたということだ。現にマデイラ諸島に関する最古の歴史的記述にも、現地の荒天に言及した箇所がある。

その記述は、古代ローマの大プリニウスが紀元77年頃に著した『博物誌』の中に見ることができる。ここで大プリニウスは、「幸運諸島」（現在のカナリア諸島）を目指していた船が強風にあおられて航路を外れ、遠い大西洋沖の「紫諸島」へ漂着したという話を伝えている。紫諸島とはマデイラ諸島の古い呼び名であり、その名の通り、当時の島では鮮やかな紫色の染料が作られていたようだ。現在のマデイラは竜血樹（ドラセナ・ドラコ）が生い茂ることで知られ、この木の深紅の樹脂は今なお塗料として利用されている。

アンナとロバート

だが、こうした大プリニウスの記述以上に、2つの偶然の物語はドラマチックだ。中でも興味深いほうの物語は、伝説によれば1344年のイギリスに始まり、高貴な海洋商人のロバート・マチンと、彼の船ラ・ウェリフェア号を中心に展開していく。

ロバートはかねてからアンナ・ダルフェという女性に恋をしており、アンナもロバートの気持ちを受け入れていた。しかしアンナはイギリスで最高位の家系の子女であり、階級が絶対の基準となる封建社会において、2人が結婚できる見込みはほぼなかった。「娘の父親による弾圧」から逃れるため、ロバートとアンナは駆け落ちを決意する。必要最小限の船員だけを雇ってラ・ウェリフェア号に乗り込み、地中海を目指して出帆した。

ところが、途中で凄まじい北東の風に襲われ、船は大西洋のはるか沖合まで流されてしまう。2週間ほど海をさまよってたどり着いたのは、ひとけのない未知の島だった。一帯にはごつごつとした火山の岩肌が広がり、その上にエメラルドグリーンの植物と月桂樹の林が茂っている。しかし、どれほど緑豊かな美しい場所であっても、貴族出身のアンナには過酷すぎる環境だった。彼女はたちまち体調を崩して亡くなり、打ちひしがれたロバートも1週間ほどであとを追った。残された船員たちは2人を埋葬して島を去ったが、すぐ

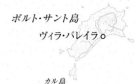
ポルト・サント島
ヴィラ・バレイラ○
カル島

大 西 洋

ポルト・モニス○
ポンタ・
デルガダ○
サン・ジョルジェ
ファイアル○
ルイボ山
カリェタ○
マシコ○
リベイラ・ブラーバ○
フンシャル○
サンタ・クルス○
カニコ○

マ デ イ ラ 島

デゼルタ・グランデ島

デゼルタス諸島

ブギオ島

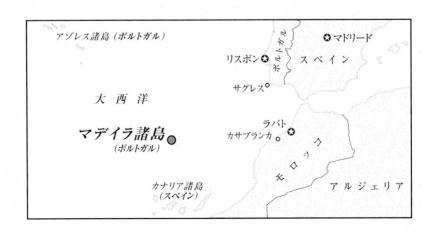
アゾレス諸島（ポルトガル）
✪マドリード
リスボン✪
ス ペ イ ン
ポ
ル
ト
ガ
ル
サグレス○
大 西 洋
ラバト
マデイラ諸島●
（ポルトガル）
カサブランカ○✪
モ
ロ
ッ
コ
カナリア諸島
（スペイン）
ア ル ジ ェ リ ア

にモロッコの海賊の襲撃を受け、投獄されたり、奴隷として売り飛ばされたりした。

エンリケ航海王子

　この不幸な話が世界へ伝わった経緯については諸説あるが、フアン・デ・モラレスという人物が伝達役になった、というのが大筋の見方だ。モラレスは腕の良さで知られたスペイン人の水先案内人で、モロッコの監獄にいたとき、たまたまラ・ウェリフェア号の船員たちと同房になったのだという。その後モラレスは何らかのきっかけ（身代金が支払われた、誘拐された、監獄船が難破したなどの説がある）で解放され、いつしかポルトガルの

エンリケ航海王子の耳にも、大西洋に浮かぶ未知の島と不遇なカップルについての噂が届いた。エンリケ王子といえば、当時の海洋探検における英雄的存在の1人だ。その彼がバルバリア海岸（アフリカ北西岸一帯）へ盛んに船を出していた矢先に、マデイラの話を聞いたことが、この島の発見をめぐる2つ目の偶然につながった。

　1418年、ジョアン・ゴンサルベス・ザルコとトリスタン・バス・テイシェイラは、エンリケの命を受けてギニア海岸の調査に出航した。しかし彼らもまた激しい嵐に襲われ、船は未知の島へ流されてしまう。ザルコとテイシェイラはその陸地に降り立ってすぐ、こ

こを「ポルト・サント（聖なる港）」と名づけた。自分たちを岩場に打ち上げることも、世界の果てに追いやることもなかった神の慈悲深さを称える名前だ。この小さな島から海を見渡すと、南西の方角に不気味な暗い雲のような塊が見えた。これは霧に覆われた別の島なのではないかと、数人の賢明な乗組員は考えた。だが大半の乗組員は、その「地獄が口を開いたように蒸気を立てている」塊に怯え、これ以上の探検は危険だと訴えた。一歩間違えれば、今度こそ世界の果てに突き落とされ、深い穴の下では悪魔のような蛇や怪物が待ち構えているかもしれない。そこでザルコとティシェイラはアルガルベ（ポルトガルの最南端地方）のサグレスまで戻り、自分たちが見たものを報告することにした。

新たな世界の発見に意欲的だったエンリケは、この話を聞くと、ザルコ、テイシェイラ、そしてジェノア人の航海士バルトロメウ・ペレストレリョに3隻の船を与え、再びアフリカ西岸へ派遣した。目的はあくまでもポルト・サント島への入植だったが、その隣にある奇妙な塊についても調査を命じた。1420年7月、ザルコとテイシェイラ率いる船団は、嵐にも蛇にも邪魔されることなく、無事に謎の島へ到着する。そして現地の豊かな森に敬意を表し、この島をマデイラ（木々の島）と名づけたのだった。

マデイラの島々は、大西洋の海底から隆起した火山の頂上にあたる。

デリンクユ地下都市

トルコ

カッパドキア

アナトリアに住む男が自宅を改装しようと地下室の壁を
取り壊すと、たくさんの階段や部屋につながる通路が現れた。
それは2万人以上を収容できる巨大な地下都市の一部だった。

ロンドンのイーストエンドで最も愛され、最も古くから営業を続ける店の1つに、ストーン・ケイブという名のトルコ料理店がある。19世紀風の典型的なテラスハウスを間借りしたその店に足を踏み入れると、名前の通り、そこはまるで巨大な洞窟の中だ。パネル張りの壁は隆起した岩壁を模しており、天井からは、本物そっくりの素材で作られた鍾乳石が垂れ下がっている。料理とサービスは申し分なく、店内はいつも陽気な雰囲気に包まれている。にんにくと炒りごまの香りが漂う中、ふかふかとしたクッションの置かれたベンチに座り、フムスの盛られた皿や、焼き立てのフラットブレッドのバスケットが並ぶテーブルを囲んでいると、洞窟の中で食事をすることはごく自然な行為に思える。

しかし実際には、人間は石器時代以降、洞窟で暮らすことをやめてしまった。それどころか今では、原始的で野蛮だという軽蔑の意味を込めて、「穴居人」という言葉が使われるほどだ。古い神話やおとぎ話の中でも、洞窟に住んでいるのは決まって鬼か竜である。

一方で、スーパーヒーローのバットマンや、ボンド映画の数々の悪役を見れば分かるように、洞窟は隠れ家としては間違いなく便利な場所だ。ビザンチン時代、トルコの中央

アナトリアにあるカッパドキア地域の一部、デリンクユで暮らしていた人々にとっても、それは紛れもない事実だった。

トルコ人の襲撃

紀元364年、皇帝ウァレンティニアヌス1世はローマ帝国を東西に分け、東側の統治を弟のウァレンスに任せた。それまで300年間ローマの属州だったカッパドキアは、コンスタンティノープルを首都とする東ローマ帝国の管区となる。コンスタンティノープルはその30年ほど前に、ローマ皇帝初のキリスト教徒であるコンスタンティヌス1世によって、古代ギリシャの植民地ビザンチオンの地に築かれたばかりだった。

かたや西ローマ帝国は、侵略を狙う西ゴート族などのゲルマン民族から執拗に攻撃され、次第に勢力を弱めていく。そして紀元476年、蛮族出身のオドアケルにローマを略奪され、最後の皇帝ロムルス・アウグストゥルスが追放されると、完全に崩壊した。だがローマ帝国が終焉を迎えてなお、その東半分にあたるビザンチン帝国は持ちこたえ、以後1000年にわたって繁栄した。

貿易と芸術と文化で栄えたビザンチン帝国は、富と安定だけでなく、軍事力と政治力も

長きにわたり維持した。全盛期の5世紀には、北アフリカ、小アジア、そして地中海ヨーロッパの大半を支配下に収めている。しかし同時にこの国は、イスラム教徒のアラブ人、中央アジアを起源とするセルジューク朝のトルコ人といった侵略者とも対峙しなければならなかった。1071年にはとうとう、ペルシャ征服後にカッパドキアへ攻め入ってきたセルジューク朝にアナトリアを奪われてしまう。

それまでのアナトリアは、天然の要塞であるトロス山脈に東方を守られながら、ビザンチン帝国最後の領土として、またイスラム教のシリアと接するキリスト教の飛び地として機能していた。そのため、この地域が襲撃を受けることは珍しくなく、デリンクユなどの町は何らかの工夫を凝らして自衛をする必要があった。

その見事な工夫の全貌は、1963年にようやく明らかになった。きっかけはこの年、デリンクユに住む1人の男が、自宅の改装のために地下室の壁を取り壊したことだった。壁が取り払われると通路が現れ、その先に秘密の地下トンネルや階段、部屋などが網の目のようにつながっていることが分かったのだ。

通気孔と井戸を備えたこの地下組織には、2万人以上を収容できる広さがあった。倉庫、台所、食堂、食品貯蔵庫、礼拝堂、さらには学校らしき部屋まであり、長期間でも滞在できる設備が整えられていた。各階は重い石扉で封鎖し、内側から施錠できる。これなら、外敵はどこからも入ってこられなかったに違いない。

人気の観光地

この秘密都市の最古の区域は、紀元前7世紀にアナトリアを支配していた古代フリギア人によって開拓されたと考えられている。ただし、デリンクユの地下貯蔵庫やトンネルを作ったのがフリギア人であったとしても、大規模な拡張が行われたのはビザンチン時代だったという見方が有力である。なぜならこの時代には、地域住民が苦境に立たされ、避難場所を求めるだけの理由があったからだ。

デリンクユ地下都市の正確な年代や起源、建築手順、部屋の用途については諸説が入り乱れている。打ち捨てられたのは20世紀最初の10年間、つまりごく最近だったのではないかという話もある。しかし経緯がどうであれ、この洞窟は再発見されて以来、脚光を浴びるようになった。今では観光地として人気を博し、有料のガイド付きツアーも開かれている。

地中深くに広がるデリンクユの秘密都市。およそ11の階層に分かれていることが分かっているが、まだ発掘されていない深い場所には、さらに多くの階が眠っているかもしれない。

タイタスビル

アメリカ

ペンシルベニア州

19世紀、タイタスビルの人々は石油の掘削で
大きな富を手にしていた。その利益を享受し損ねた1人の男が、
今も広く使われる被覆保湿剤、ワセリンを発見する。

ペンシルベニア州タイタスビルは、おそらく最近の地図にはあまり記載されなくなった場所だろう。アメリカ人の大半は、名前すら知らないと答えるかもしれない。しかしある時期まで、タイタスビルはアメリカ中の――世界中の、とは言わないまでも――どんな場所にも負けないほど明るく輝いていた。ハリウッドにとっての映画、クロンダイクにとっての金、ワシントンにとってのホワイトハウス、メリーランドにとっての蟹と同様に、かつてはタイタスビルにも1つの名物があった。テキサスやカタールが台頭する以前の時代、この町は有名な石油の産地だったのだ。

石油の掘削

ペンシルベニア州のこの地域には、古くから石油が存在していた（ブナ、カバ、サトウカエデ、ストローブマツ、オークなどの木も豊富で、土地を覆い尽くすほどに森が茂っていた時期もある）。油は小川に浮き、地面のあちらこちらからも染み出していたが、1790年にここでタイタスビルを築いた男は、実のところ石油に魅了されていたわけではなかった。その男、ジョナサン・タイタスはオランダ・ランド社から調査に派遣された土木技師であり、彼が可能性を見出したのはこの地域

の地形だった。丘と丘の間には低地が5キロほど続き、農場が1軒は楽に立つスペースがあったからだ。

町に早くから入植した人々の大半は、石油を何よりも厄介な存在と考えていた。石油があることで、塩水の湧く泉や、農地に転用できそうな土壌が汚染されてしまうためだ。しかし1850年代になると、こうした状況に変化が訪れる。石油の価値は見直され、世界規模で供給が激減しつつあった鯨油や、庶民には高価すぎる石炭ガスの代替資源と目されるようになった。当時は獣脂や蝋でできたろうそくよりもランプが好まれていたが、鯨油と石炭ガスは、どちらもその燃料として広く利用されていた。

1858年当時、エドウィン・ドレークは40代で無職の身だった。それまでは鉄道の車掌をしていたが、病気で退職を余儀なくされたのだ。ドレークはセネカ・オイル社に雇われてタイタスビルへ派遣されると、同社の投資家が所有する土地で油田の調査に乗り出した。その1年後には機械を使って石油を掘り当て、金属パイプで汲み出した油を樽に注ぎ込むことに成功する。こうして事実上ひと晩のうちに、タイタスビルは国中から注目を集める町になった。石油掘削用のやぐらはあっ

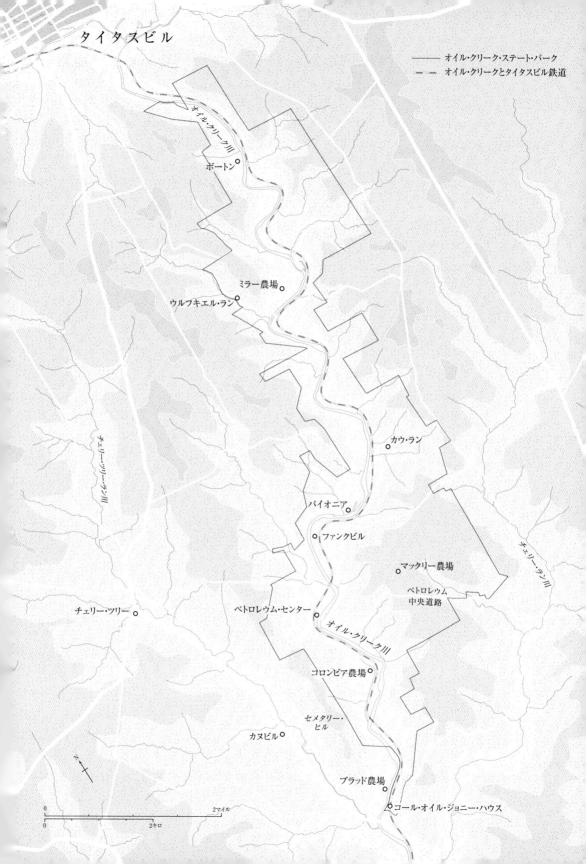

タイタスビル

オイル・クリーク・ステート・パーク
オイル・クリークとタイタスビル鉄道

オイル・クリーク川

ボートン

ミラー農場
ウルフキエル・ラン

カウ・ラン

チェリー・ツリー・ラン川

パイオニア

ファンクビル

マックリー農場

ペトロレウム
中央道路

チェリー・ツリー

ペトロレウム・センター

チェリー・ラン川

オイル・クリーク川

コロンビア農場

セメタリー・
ヒル

カヌビル

ブラッド農場

コール・オイル・ジョニー・ハウス

0　　　　　　　　　2マイル
0　　　　　　　　　2キロ

という間に高さと厚みを増し、最後は「周辺の木々を覆い隠すほどに」巨大化したという。少し前まで林業の町だったタイタスビルを、ドレークは確実に一変させたわけだ。

だが残念なことに、ドレーク自身は裕福になれなかった。川釣りに夢中だった彼は、報酬の取り決めに注意を払わなかったため、石油の利益を享受できなかったのだ。晩年は病に苦しみ、ペンシルベニア州から支給される少額の年金に頼って生活した。この地に石油産業を誕生させた彼の功績を考えれば、もっと手厚く報われてもいいようなものである。

ワセリンの誕生

その間、莫大な富が生まれようとしていたタイタスビルには、多くの試掘者が集まっていた。イギリス出身のニューヨーク市民、ロバート・チーズブローもその1人である。チーズブローは鯨油を灯油に精製する化学者だったが、鯨油が廃れて職を失ったのをきっかけに、タイタスビルへやってきた。全財産を投じての遠征だったというから、この投資を回収しようという彼の意気込みは、あらゆる試掘者の中でもとりわけ強かったに違いない。

ところが、数人の有力者が幅を利かせるタイタスビルの町へ到着する頃、チーズブローの興味は石油から別のものに移っていた。チーズブローが新たに関心を寄せたのは、石油を汲み出す際に生じる、不気味な見た目の残留物だった。原油と一緒に産出されるこの黒いねばねばとした物体は、石油採掘者から「ロッドワックス」と呼ばれ、削ぎ落とさないと機械を詰まらせる原因になった。一見、無用の長物のように思えるが、採掘場で働く労働者の一部は、このロッドワックスを軟膏代わりに使っていた。仕事中にできた切り傷や痣の上から塗ると、治りが早くて助かるのだという。

タイタスビルの石油は以前から整髪剤の原料に使われており、それにも同様の治療効果があると噂されていた。これをいち早く薬として売ろうと考えたのは、地元で運河船の操縦士をしていたサム・キールという人物である。キールは瓶に詰めるなどした原油をキールズ・ロック・オイルと名づけ、「地下400フィートから届けられた天然の治療薬」と謳って50セントで販売した。問題はこの商品があまりにも高価で、フィラデルフィアの患者や高齢者が気軽に消費できるものではなかったことだ。ならばロッドワックスをその代用品にしてはどうかと、抜け目のないチーズブローは思いついたのである。

チーズブローはロッドワックスを透明無臭の物質に精製し、この独自の「万能薬」で特許を取得した。薬の名前は、水を意味するドイツ語と油を意味するギリシャ語から「ワセリン」と名づけた。自分を実験台にしてテストを重ねたのち、チーズブローはすり傷や切り傷、火傷などの治療薬としてワセリンの販売を始める。昔ながらのショー形式で路上に人を集めると、チーズブローは自分の身体にわざと刺し傷や火傷を作り、その上から奇跡の薬を塗ってみせた。少しずつだが着実にワセリンの人気は高まっていく。今では時代を超えたロングセラー商品となり、ワセリンの名はタイタスビルという地名以上に世界で知られるようになった。

チーズブローは96歳で大往生したが、晩年、健康のための日課として毎日スプーン1杯のワセリンを食べていたという。現代科学では、ワセリンはいかなる種類の特効薬とも認められていない。それでも、小さなすり傷の潤いを守りながら汚れや細菌を防いだり、唇の荒れやおむつかぶれの治りを良くしたりといった、「被覆保湿剤」としての効果には確かなものがある。

タイタスビルの試掘者たちが夢中で石油を汲み上げているかたわらで、ロバート・アウグストゥス・チーズブローは機械詰まりの原因になる半固形の油かすに興味を募らせていった。

死海文書の洞窟

イスラエル

クムラン

キリスト教の起源に迫る貴重な文書が、
死海近くの洞窟で見つかった。この大発見を生んだのは、
行方不明のヤギを探しに出かけた1人の少年だった。

聖書に関する最も重要な発見の1つ、クムランでの死海文書の発見は、群れからはぐれて放浪していたヤギによってもたらされた。死海とは「ユダヤの荒野」と一般に呼ばれる地域にある海抜0メートル以下の塩湖のことで、クムランはこの湖から北西に1.6キロほど離れた場所にある。切り立った岩が並び、黄色く日に焼けた草が風に揺れているだけの砂漠地帯だが、アイン・フェシカという泉からは淡水も湧いている。

紀元前125〜100年頃、ある敬虔なユダヤ教の一派が、この荒涼とした地にやってきて定住した。しかし紀元前31年頃に地震が襲い、彼らの住居は崩壊したとされる。しばらくして住民たちは戻ってきたが、紀元68年には再び立ち退きを迫られた。ローマ皇帝ウェスパシアヌスの軍隊がなだれ込んできて、この地域の一部を軍事基地に変えてしまったからだ。以来、クムランの大部分には人が住まなくなった。

狼のムハンマド

1947年の初夏、ヨルダンからベツレヘムへ向かうターミレ族の人々が、この不毛の地を通りかかった。彼らは数人でヤギの群れを率いていたが、1頭の姿が見えないことに気づくと、羊飼いの少年を捜索に向かわせた。

この少年の名を、ムハンマド・エッ・ディーブ・アーメド・エル・ハミド、通称「狼のムハンマド」といった。

暑い昼下がりにヤギ探しを命じられたムハンマドは、ふてくされて辺りをぶらぶらと歩いていた。すると偶然、地下に続く洞窟の入口に行き当たった。見た目はただの岩に入った亀裂だが、ヤギの体がかろうじて通りそうな幅はある。子ヤギが下に閉じ込められているのではないかと考えたムハンマドは、それを確かめようと、亀裂の中に石を投げ込んだ。しかし驚いたヤギの鳴き声や、石が岩をかすめる音は聞こえてこず、代わりに陶器が割れる音がはっきりと耳に届いた。洞穴の中を覗くと、確かに陶製の大きな壺のようなものがいくつも見える。これほど辺鄙（へんぴ）な場所にこっそりと埋められているのだから、壺の中

には何か貴重なものが入っているに違いない——ムハンマドはそう信じて部族のメンバーを説き伏せると、翌日に数人でこの場所へ戻った。

しかし彼らが壺の中に見つけたものは、金でも銀でも宝石でもなく、古い羊皮紙でできた複数の巻物だった。ミイラのように麻布に包まれたそれらの巻物は、経年によってひび割れたり崩れたり、硫黄で黄ばんだりしており、土まみれになって悪臭を放っていた。それでいて表面には、誰にも解読することのできない難解な文字が並んでいた。

世界最古の聖書関連文書

ターミレ族の人々は、巻物を古物商のところへ持ち込むことにした。1人目には断られたが、ベツレヘムに住むシリアの商人「カンドー」こと、ハリル・イスカンダル・シャヒーンに受け入れてもらえたのは幸運だった。カンドーとその仲間のシリア人のはからいで、巻物は最終的に、エルサレムのシリア正教会の府主教（または大主教）であるアタナシウス・イェシュア・サミュエルのもとに届けられた。サミュエルは、多くの初期キリスト教文書に使われたアラム語から派生した、古代シリア語の文献の熱心な収集家として知られていた。しかしよく調べてみると、巻物に使われていたのはシリア語ではなく、サミュエルでも読むことのできない古代ヘブライ語だった。それでも府主教は直感に従い、4巻の巻物を250ドルほどで買い取った（ほかにも3巻の巻物が同じ洞窟から同じ羊飼いたちによって回収されているが、こちらはエルサレムのヘブライ大学で別の買い手に渡った）。

文書の正体は次第に解明され、現存する中で最古のイザヤ書の完全な写本、ユダヤのハバククによる預言書の注解、古代の儀式や規則や規律に関する手引きであるらしいことが分かった。しかし第一次中東戦争（1948年）の勃発により、研究はそこで中断されてしまう。当初、巻物は安全を期してベイルート銀行の金庫室に保管されていたが、アメリカへ亡命したサミュエルがやがて再び受け取った。アメリカに到着した巻物は展示され、「現在知られている中で世界最古の聖書関連文書」と宣伝された。

その3年後、サミュエルは慈善団体設立の資金作りのため、巻物の売却を決断する。1954年6月1日の『ウォール・ストリート・ジャーナル』紙には、「少なくとも紀元前200年までさかのぼる聖書関連文書が売り出し中。個人やグループから、教育団体や宗教団体への贈り物に最適です」との広告が掲載された。このときには最終的に25万ドルの値段がつき、ニューヨークにあるウォルドーフ・アストリア・ホテルの最高級のスイートルームで売買契約が結ばれた。買い手はアメリカ人実業家のシドニー・エストリッジという人物だったが、エストリッジはイスラエル国のため、密かに仲介役を務めただけだった。

巻物はエルサレムに帰還すると、ヘブライ大学にあった3巻の巻物や、後年に現地で発掘された別の宗教文書とともに保管された。やがてこれらはすべて、新たに建設された専用の博物館、その名も「聖書館」に移される。聖書館の公開は今も続けられているが、憐れなヤギの行方を記した文書は、そのどこにも存在しない。

ユダヤの荒野。長年にわたる発掘の末、この地域に点在する11の洞窟からいくつもの重要な文書が見つかった。

カホキア墳丘

アメリカ

イリノイ州

ヨーロッパ人が新大陸に到達する前、古代都市カホキアには
高度な土木技術を持つ人々が暮らしていた。
この地に連なる丘は、人工的に建造されたものだった。

映画を見ることは旅をすることにほかならない。映画は私たちをどこか違う場所へいざない、個人の経験や想像を超えたあらゆる世界を見せてくれる。ハリウッドの黄金時代には、映画館そのものがアッシリアの宮殿やエジプトの遺跡を模して設計されることがよくあった。20世紀前半に活躍したセシル・B・デミルなどの大物監督が作り上げるソード＆サンダル映画同様に、このような建物は壮大で、どこか不自然でもあった。

乗り物用のワックスや研磨剤を専門に扱っていたウィズ・オート・プロダクツ社のオーナー、リチャード・M・ホリングスヘッド・ジュニアは、20世紀のアメリカ人にとって2つの最大の関心事——すなわち映画と自動車を組み合わせて成功を収めた。ホリングスヘッドは1933年、ニュージャージー州カムデンに世界初のドライブインシアターを開業したのだ。

ドライブインシアターの魅力は、自分の車の座席が、従来の映画館のプライベート・ボックスに早変わりすることだった。ほかの観客に邪魔されることなく、星空の下で煙草を吸ったり、食べたり飲んだりしながら映画を楽しめるとあって、若い家族連れやカップルにたちまち人気を博した。その全盛期は第

二次世界大戦後のベビー・ブーム時代に到来し、1951年には、アメリカ国内のドライブインシアターの観客数が、通常の映画館の観客数を上回った。しかしテレビやビデオ、ケーブルネットワークの台頭により、映画はまもなく家庭のリビングルームに持ち込まれるようになる。それに伴い、ドライブインシアターの客足は悪化の一途をたどった。

ファルコン・ドライブイン

イリノイ州イーストセントルイス郊外、コリンズビル近くにあったファルコン・ドライブインも、その犠牲になったドライブインシアターの1つだ。このシアターは、アメリカ人の視聴習慣の変化によるあおりを受け、1983年に閉鎖された。

1949年の開業時にはマウンズ・ドライブインという名前だったが、1960年に、当時人気のあったフォード・ファルコンセダンにあやかって改名された。フォード・ファルコンは、クジラの口のようなクロム製のフロントグリルが特徴的なコンパクトカーで、誰もが認める燃費の良さを売りにしていた。ただこの時代には、自動車の利用に伴う環境コストを理解している人——少なくとも、そのことに関心を払っている人——はほとんどおら

カンティーン・クリーク

カンティーン湖

サンド・プレーリー街道

17番マウンド

モンクス・マウンド

36番マウンド

ウッドヘンジ

コリンズビル街道

41番マウンド

48番マウンド

49番マウンド

51番マウンド

グランド・プラザ

55番マウンド

古墳

56番マウンド

カホキア墳丘群

59番マウンド

60番マウンド

案内所

ツイン・マウンド

州立史跡

古墳

古墳

72番マウンド

N

主要なマウンド

古墳または穴

0　　　　　　　　　500ヤード

0　　　　　　　　　500メートル

ず、増加する車の台数に対応するため、町や都市全体の構造が絶えず作り変えられていた。自動車は人類の進歩の象徴であり、誰もその行く手を阻むべきではないと考えられていたのだ。

そして、この考えが究極的に表れた場所の1つが、イリノイ州に誕生したマウンズ・ドライブインだった。ここにプリムス・ベルヴェデアやシボレー・インパラで乗りつけた人のうち、シアターの名前の由来となったマウンド（丘）に思いを馳せる人がどれだけいただろうか。ベンチシートの上でゆったりとくつろぎながら、目の前の巨大スクリーンで映画を楽しめるその空間は、複数のマウンドをブルドーザーで取り壊して作られたものだと知って心を痛める人がどれだけいただろうか。たとえ彼らが知らなかったとしても、そのホワイトウォールタイヤが接する地面の奥深く、シアターの敷地を超えた広い範囲には、ある歴史の名残が眠っていた。それは、かつて15.5平方キロ以上の面積を誇った、アメリカの古代都市カホキアだった。

モンクス・マウンド

最盛期にはメキシコ以北最大の規模があったとされるカホキアは、ミシシッピアンによって築かれた都市だと伝えられる。スペイン人探検家のエルナンド・デ・ソトが初めてヨーロッパからこの地に到達したのは1540年のことだが、その何世紀も前、ミシシッピ川から大西洋沿岸に及ぶ大陸南東の一角は、ほぼ無名のアメリカ先住民であるミシシッピアンに支配されていた。典型的なハリウッド西部劇——ドライブインシアターにおける長年の主力作品だ——で描かれる先住民とはまるで違い、ミシシッピアンは狩猟採集よりも農耕、工芸、交易を重視し、洗練された生活を営んでいた。

カホキアは、巡礼者が訪れる宗教的な場所でもあったようだ。建造物は太陽の動きに沿って配置され、戦後の郊外住宅地、例えばペンシルベニアのレビットタウンやシカゴのパークフォレストを思わせるほどの緻密で均整のとれた都市設計がなされていた。整然と並ぶ人工丘は全部で120基ほどあり、台地や広場も点在した。都市の中心部には、高さ30メートル、面積5ヘクタールの巨大な丘がそびえ立っていた。この丘は、19世紀初頭にここを耕したフランス系トラピスト会の修道士にちなみ、「モンクス・マウンド」と名づけられた。モンクス・マウンドは、先史時代に作られた北アメリカ最大の丘として、その姿を今にとどめている。

カホキアの人口は紀元1050年までに1万人から2万人に達したが、その300年後に都市が事実上放棄された理由は、今も謎に包まれている。なぜそれほどの短期間で住民がすっかりいなくなったのか、十分に説明のつく理由は1つも提示されていない。打ち捨てられて4世紀が過ぎる頃には、耕されたり建物の下敷きになったりして、カホキアの3分の1近くが失われた。

1960年代、考古学界がようやくこの都市に重大な関心を向け始め、1982年にはユネスコ世界遺産に認定される運びとなった。その翌年にファルコン・ドライブインは閉鎖され、跡地はカホキア墳丘群州立史跡として整備された。それでも、近郊のピクニックエリアには「ファルコン」という名前が今も残り、映画上映用の直立式スピーカーは道標として再利用されている。

カホキアに立つモンクス・マウンド。元々存在した120基の丘のうち、72基が現在も残っている。マウンドは、都市の最も重要な建築物として、また死者を埋葬するための古墳として利用された。

北緯40度44分57.2秒
東経14度29分5.9秒

ポンペイ

イタリア
ナポリ

ポンペイが火山灰の下に沈んだのは、紀元79年の夏。
その後、久しく忘れ去られていたが、18世紀に井戸を掘っていた
修道士が、完全な骨組みを残す埋もれた劇場に遭遇する。

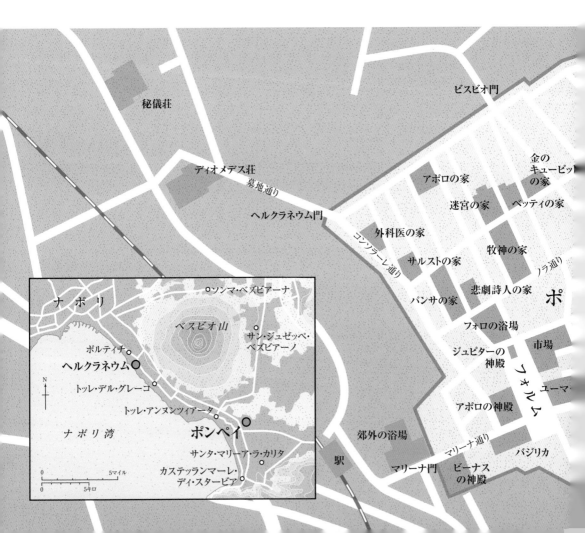

秘儀荘

ディオメデス荘
墓地通り

ヘルクラネウム門

コンソラーレ通り

ビスビオ門

アポロの家

金の
キューピッド
の家

迷宮の家　　ベッティの家

外科医の家

サルストの家

牧神の家

ノラ通り

パンサの家

悲劇詩人の家

ポ

フォロの浴場

ジュピターの
神殿

市場

フォルム

ユーマ

アポロの神殿

郊外の浴場

マリーナ通り

バジリカ

駅

マリーナ門

ビーナス
の神殿

ナポリ

ソンマ・ベスビアーナ

ベスビオ山

サン・ジュゼッペ・
ベスビアーノ

ポルティチ

ヘルクラネウム

N

トッレ・デル・グレーコ

トッレ・アンヌンツィアータ

ポンペイ

ナポリ湾

サンタ・マリーア・ラ・カリタ

カステッランマーレ・
ディ・スタービア

0　　　　　5マイル
0　　　　　5キロ

栄光から始まり、最悪の悲劇に終わったポンペイは、あらゆる失われた場所の中で「最もよく知られた」都市と称される。だがここはかつて、最も忘れ去られていた都市の1つでもあった——歴史の中に消えていたからこそ、この町は再発見され、結果としてよく知られるようになったわけだ。

紀元79年8月24日、ベスビオ山が噴火し、溶岩、灰、硫黄(いおう)の付着した岩、有毒なガスがまる2日間にわたって吐き出された。噴出物は6メートルほど堆積し、ポンペイと近郊のヘルクラネウムはその下に埋もれた。住民たちは完全に不意をつかれ、何千人もの人々が自宅で窒息死したり、焼死したりした。この

惨事から逃げ出そうとして、途中で力尽きた人もいた。

忘れ去られた土地

皇帝ティトゥスによって召集された元老院の議員たちは、生存者の救出を図り、ポンペイの再建を見据えて被害規模を査定した。だがほどなくして、再建は絶望的だという結論に達する。

ポンペイは打ち捨てられ、そのまま忘れ去られて、ただの不要な土地と成り果てた。中世にはチビタと呼ばれるようになったが、これはイタリア語で「死んだ町」や「古代に人が住んでいた場所」を意味する名前だ。風景

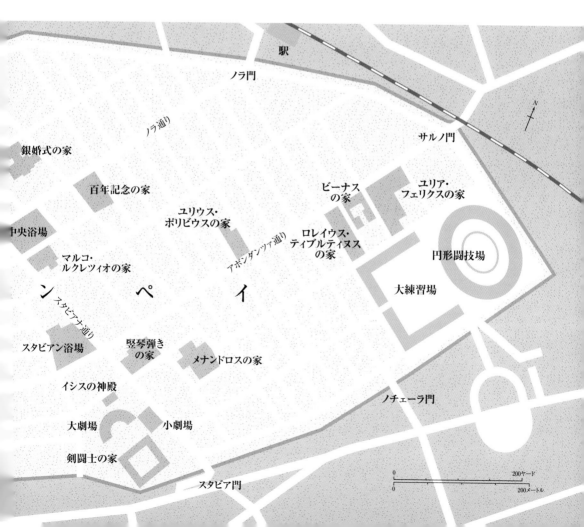

からも記憶からも消去されたポンペイは、タキトゥスやセネカの書物、小プリニウスの書簡、その伯父である大プリニウスの書簡など、古い文献の隅にその名を残すのみとなった。ちなみに大プリニウスは、この噴火の救助活動中に命を落としている。失われたポンペイを誰も探そうとはしなかった。そもそも、それが実在したと信じる人はおらず、特に気にかける人もいなかったからだ。

ポンペイは猛火に包まれて消滅した。したがって、そこから真実を探り出すには、何が失われたのかを精査する必要がある。神話によれば、ナポリからノチェーラへ続く街道上にポンペイを築いたのは、イベリア（スペイン）から凱旋中の英雄ヘラクレスだったと言われる。ヘラクレスはイベリアで怪物ゲリュオンを倒し、この三頭三身の巨人から牛を奪い取ってきたところだった。これらの牛を伴って大規模な勝利パレードをしているときに、たまたまベスビオ山を通りかかったということらしい。

考古学的な証拠が示している通り、ポンペイは人が住むのに十分な条件を満たしており、遅くとも紀元前600年頃には定住が始まった。地中海を一望し、サルノ川の清水が東を流れるこの町は、ベスビオ山の裾野に広がる溶岩の上に立っていた。その近くには黒砂の海岸と、サルノ川の河口にできた塩沼があった。海に近く、魚が豊富で、灌漑用の新鮮な水も、岩塩も手に入る（古代ローマの主要な調味料だったガルムという魚醤は、ポンペイから帝国全土に広まった）という環境は、ポンペイの繁栄を約束した。土壌も肥沃であり、市場向けの農園には、タマネギ、ソラマメ、エンドウマメ、ブロッコリーなどの作物が並んだ。そこからさらに高いところにあるベスビオ山の斜面では、ブドウ園や松林が育てられていた。

ポンペイ市民は神殿に通ってジュピターとアポロに恵みへの感謝を捧げ、フォルムで政治活動を行い、町の広場で噂話に興じた。娯楽を求めて居酒屋や劇場やルパナー（娼館）に出かけ、現存する世界最古の円形闘技場で剣闘士競技に声援を送った。

小さな地震は頻繁に起きていたが、紀元63年には町ごと揺らすほどの大きな地震があった。ベスビオ山が噴火した当時もそこから復興したとは言い切れない状態だったが、市民たちはそもそも、この山が火山であるとは思いもしなかったようだ。

ナポリ王カルロス3世

ポンペイを滅ぼしたのが炎と硫黄だったとすれば、後年にその再発見を引き寄せたのは水——具体的に言えば、サルノ川の水だった。1590年代後半、この地域では運河の建設工事が進められ、建築家のドメニコ・フォンターナのもとで作業員たちが働いていた。サルノ川の流れの一部をナポリに向けようと水路を掘っていたとき、彼らは歴史上初めて、ポンペイのわずかな名残を発見する。ところが、見つかった黒焦げの石の欠片に何の価値も感じなかった作業員たちは、そこで掘り進めるのをやめてしまった。

事態が動いたのは18世紀、今度はよりはっきりした形での発見があった。1709年頃、修道士のアルカンタリーニ兄弟が所有する森で井戸を掘っていたとき、ヘルクラネウムにあった劇場が完全な骨組みのまま出てきたのだ。その後30年ほどは彫刻や大理石が偶発的に見つかるだけだったが、1738年になると、ブルボン家出身のナポリ王カルロス3世の命で正式に発掘が開始される。

史上初の体系的な発掘作業だったといわれるその現場では、地中深くに杭が打ち込まれ、いくつものトンネルが掘られて、埋没し

ポンペイで発掘された神殿の1つ、アポロ神殿。こうした保存
状態の良い遺構を通じて、永久に忘れ去られる可能性もあった
古代ローマ都市の暮らしぶりが見えてくる。

た都市の調査が行われた。興味深い物体は地上へ引き上げられ、検証されて目録にまとめられた。ナポリのはるか南方で、人々の興奮と注目をあおる新たな遺跡が見つかったのは、調査が始まってから10年後のことだ。そしてこの遺跡こそが、ついに姿を現した古代都市ポンペイだった。

それ以来、発掘は戦争による中断を挟みながらも——第二次世界大戦中、ポンペイは連合国軍から爆撃を受けた——現在まで続けら

れてきた。毎年何百万人という観光客を受け入れるうち、遺跡には傷みも生じ、現場では通常の作業と並行して、すでに発掘された部分を保存することが重要な課題となっている。ポンペイの3分の1は地下に眠ったままであり、それを掘り起こすべきではないというのが多くの考古学者の意見だ。その上にはベスビオ山が今も静かにそびえ立っているが、この「世界有数の危険な火山」がいつ再び目を覚ますのか、それは誰にも予測できない。

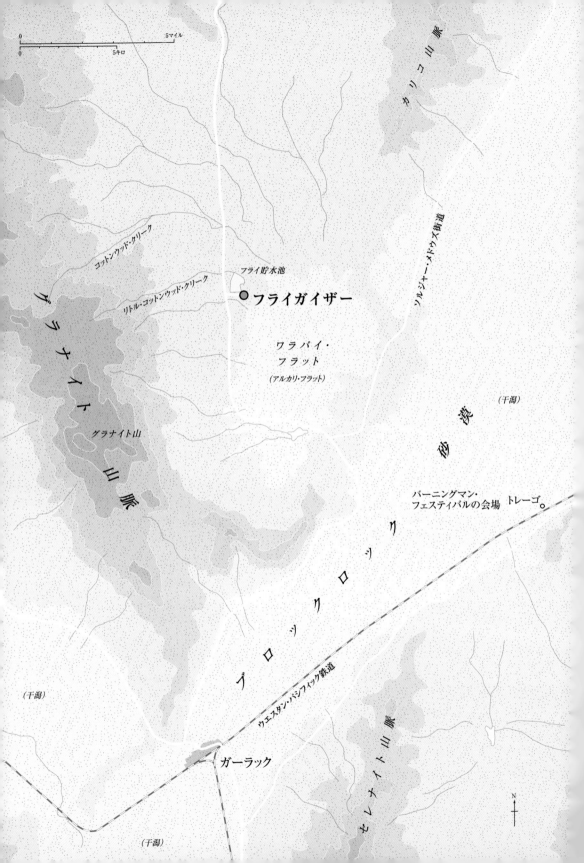

コットンウッド・クリーク

フライ貯水池

● フライガイザー

リトル・コットンウッド・クリーク

ワラパイ・
フラット

(アルカリ・フラット)

グラナイト山

グ
ラ
ナ
イ
ト

山
脈

カ
リ
コ
山
脈

ソ
ル
ジ
ャ
ー
・
メ
ド
ウ
ズ
街
道

砂

漠

(干潟)

バーニングマン・
フェスティバルの会場 トレーゴ。

ブ
ラ
ッ
ク
ロ
ッ
ク

ウ
エ
ス
タ
ン
・
パ
シ
フ
ィ
ッ
ク
鉄
道

(干潟)

ガーラック

セ
レ
ナ
イ
ト
山
脈

(干潟)

N

北緯40度51分33.6秒
西経119度19分54.8秒

フライガイザー

アメリカ
ネバダ州

派手な色彩と独特の形状で有名な間欠泉、フライガイザー。
大自然の象徴とも思えるが、意外にも、
もともとは人為的な作業によって生まれたものだった。

ガイザー（間欠泉）とは、熱湯を吹き上げる温泉の一種を指す。その語源となったのは、南アイスランドのホイカダールル渓谷にあるグレート・ゲイシールという間欠泉だ。13世紀の地震によって誕生したグレート・ゲイシール（ゲイシールは「噴出するもの」を意味するアイスランド語）は、約3時間おきに空中60メートルの高さまで熱湯と水蒸気を吹き上げ、その豪快さで定評を集めていた。

ところが、噴出孔を塞がれるなどした影響で次第に活動が弱まり、1916年頃からはほぼ完全に停止してしまった。その原因は、大々的な新聞報道や旅行誌の記事を見てグレート・ゲイシールを訪れた19世紀初頭の観光客が、岩やゴミをしきりに噴出孔へ投げ込んだためだとされる。

事実はどうあれ、グレート・ゲイシールの隣にあるストロックル・ゲイシールの活動は、今なお驚くほど活発だ。10分という短い周期で——グレート・ゲイシールに比べれば控えめながら——18メートルの高さまで硫黄（いおう）を吹き上げている。

地理的にも、現地の生物相や気候条件から見ても、ネバダとアイスランドはかけ離れている。ネバダは全米で最も乾燥した州であり、その広範囲は砂漠や半乾燥地帯だ。他方、アイスランドは「亜北極地域」に分類される（ただし、メキシコ湾流の暖かい風が流れ込むため、その気候は以北の地域に比べれば穏やかだ）。

生態系のオアシス

共通点はないように思われる両者だが、グレート・ゲイシールが活動を止めたまさにその年、ネバダ州ブラックロック砂漠近郊のワショー郡で1つの間欠泉が誕生した。それは、1人の牧場主が起こした偶然の出来事だった。不要な土地の一部に手を入れようと考えたこの男は、地面に穴を掘り、灌漑（かんがい）用の地下水を汲み上げるための井戸を作ろうとした。水は無事に掘り当てることができたが、それは静かに染み出るどころか激しく噴出し、しかも地熱に温められて真昼の太陽のように熱くなっていた。

この熱水にほぼまったく価値を見出せなかった男は、井戸に蓋をしてほかの作業に取りかかった。しかし1964年に掘削を進めると、水が再び噴出。ほとばしる水は今度は放置され、そのまま間欠泉フライガイザーとなった。

誰も予期しなかったことではあるが、フラ

イガイザーから湧き出る水には鉱物が極めて豊富だった。鉱床は石筍（せきじゅん）のように成長し、数十年後のこの場所には、奇妙で鮮やかな色の岩が並び、幻想的な藻があふれる池が誕生した。結果として、その風景はサイエンス・フィクションの世界に近づき、周囲の砂漠地帯からは浮いているように見える。しかしフライガイザーは現在も成長を続けながら、多様な野生生物を支える生態系のオアシスとして機能している。

バーニングマン・フェスティバル

2016年以降、フライガイザーがある土地の所有権は、ブラックロックシティ近くで毎年開催されるバーニングマン・フェスティバルの運営組織へ渡った。この場所を環境に配慮した芸術の中心地に変えることが組織の狙いだといい、ウェブサイト上でも次のように説明されている。「バーニングマンのコミュニティにとって、ここは身近な環境で得たアイデアを実践するための、いわば孵卵器（ふらんき）のような場になります……シェルター、エネルギー、水、環境保護を新たな視点で考え、生活、労働、統治の新たなモデルを探る場となるのです」。

現在のところ、フライガイザーはフェンスに囲まれ、一般には公開されていない。だがフェンスを飛び越えて水が吹き上がる様子は、数キロ離れた場所からも見ることができる。

フライガイザーは、炭酸カルシウムが堆積した池の中に立っている。池の水は地下から湧き出たもので、その水温は93度に達する。

ガラパゴス諸島

エクアドル
太平洋

まるで役に立たない——ガラパゴス諸島はこのように評されていた。
この地に生息する野生の鳥フィンチからひらめきを得た
チャールズ・ダーウィンが進化論を唱えるまでは。

　ガラパゴスを訪れた人々が残した歴史的記述のいくつかは、現代の EC サイトに寄せられた不満の多いレビューとどこか似ている。『白鯨』の著者ハーマン・メルビルは、捕鯨船アクシュネット号に乗船中だった1840年代にガラパゴス諸島へ立ち寄り、この島々を題材にした素描集『エンカンタダス』を1854年に出版した。その中で、彼はこう書いている。「郊外の町のあちらこちらに捨てられた燃え殻の山が25あるとしよう。そのいくつかを本物の山のサイズまで大きくして、海の中に点々と浮かべた姿を想像してみてほしい。そうすれば、魔の島々ことエンカンタダスがどのような場所なのか、皆さんにもだいたい理解してもらえるだろう」。お世辞にも褒めているとは言えない感想だ。

チャールズ・ダーウィン

　ガラパゴス諸島を訪れた人物の中で最も有名なのは、博物学者のチャールズ・ダーウィンだろう。ビーグル号での5年に及ぶ航海のうち、ダーウィンがこの島々の調査に費やしたのはわずか5週間で、足を踏み入れたのは主要な4島のみだった。しかし1835年9月7日、「まだ見ぬ地、ガラパゴス諸島へ向けて舵を取った」その日には、さすがに興奮した様子

がうかがえる。

　かつてエディンバラ大学の医学生だったダーウィンは、2年間の在学中に、ガラパゴスの固有種であるゾウガメの世界初の学術標本を目にしていた可能性が高い。というのも同大学の博物館には、バジル・ホールが収集し、樽の中でアルコール漬けにした幼いゾウガメの標本が寄贈されていたからだ。

　ダーウィンは1859年に『種の起源』で独自の自然選択説を提唱したが、その数十年前に、ガラパゴス諸島での生物の観察を通じて進化の可能性を確信するに至った。通説によると、ダーウィンにひらめきを与えたのは、この島々に暮らす多種多様なフィンチであったという。ただし、これに異議を唱える学者の間では、『ビーグル号航海記』の改訂版にフィンチのイラストが掲載されるまで、ダーウィンのノートや進化を論じた著書にこの鳥への言及が少ないことが指摘されている。

　少なくとも確かなのは、1837年の時点で、ダーウィンが「南アメリカの化石とガラパゴス諸島の動植物、それらは（特に後者は）私のあらゆる考え方の原点だ」と記していることだ。しかしその一方で彼は、ガラパゴス諸島の一部を「冥土のような場所」と評してはばからなかった。中でもアルベマール島につ

主要な13の火山島からなるガラパゴス諸島。赤道をまたぐように分布し、島のほとんどは独特な円錐形をしている。

いては、次のように述べている。「熱帯地域にあるこの全長75マイル（約120キロメートル）の島ほど、人間にも大型の動物にもまったく無益な場所を見つけるのは難しいのではないか。私はそう考えざるを得ない」。

役に立たない場所

だが、ガラパゴス諸島に最も厳しい評価を与えたのは、そこを初めて訪れた人であろう。かねてからインカの船乗りの間で存在が知られ、到達まであと一歩となっていたガラパゴス諸島は、まったくの偶然によってヨーロッパ人に発見された。

1535年2月23日、政治に影響力を持つ司教のフレイ・トマス・デ・ベルランガを乗せて、パナマから1隻のガレオン船が出帆した。ベルランガはスペイン王カルロス1世の命を受け、紛争解決のためにペルーへ向かうことになっていたのだ。船は赤道に達して「6日間の穏やかな日々」を過ごしたが、やがて海流によって太平洋沖へ流されてしまう。現在のエスパニョーラ島と思われる無人の島がよう

やくベルランガと乗組員の視界に入ったのは、水と食料の備蓄がほぼ尽きかけた3月10日のことだった。

しかしこの島では、新鮮な水も食べ物も手に入れられなかった。隣にあるもっと大きな島——現在のフロレアーナ島であろう——なら何か調達できるのではないかと期待したが、目ぼしいものはやはり見当たらない。耐えきれなくなった乗組員たちは、火山の斜面に生えていたサボテンを引きちぎり、その汁を吸って喉を潤した。

それからやっとのことで、彼らは淡水の流れる峡谷を発見する。本土に帰還できるだけの体力が回復すると、ベルランガは出発に際して、国王に手紙を書き送った。手紙の中で、ベルランガは島の様子をこう酷評している。「総じてこの島には……トウモロコシを大量に植えられそうな場所はどこにも存在しません。なぜなら、神が石を降らせたかのように、土地のほとんどは大きな石に覆われているからです。この地に存在するのは、まるで役に立たない鉱滓のようなものばかりです」。

ピンタ島
（アビングドン島）

マルチェナ島
（ビンドロー島）

レドンダ島

アルベマール岬

バークレイ岬　エクアドル山　ウォルフ山

サンチャゴ島
（ジェームス島）

ダーウィン山

セロ・ベラド山

ダグラス岬

ラクンブレ山

イサベラ海峡

セイモア・ノルテ島
（ノース・セイモア島）

ハモンド岬

アルセド山

ラビダ島
（ジャービス島）

サン・サルバドール海峡

バルトラ島
（サウス・セイモア島）

フェルナンディナ島
（ナーボロー島）

ペリー
地峡

バーリントン岬

セロ・
クロッカー山

イサベラ湾

サンタ・ローザ

プエルト・アヨラ

イサベラ島
（アルベマール島）

ピンソン島
（ダンカン島）

ヌニェス

ウッドフォード岬

サンタ・クルス島
（インディファティガブル島）

クリストバル岬

シエラ・ネグラ山　チコ山

サント・トマス

アスール山

プエルト・ビラミル

トルトゥーガ島
（ブレトル島）

ハンコック堆

ローザ岬

ガ　ラ　パ　ゴ　ス

フロレアーナ島
（チャールズ島）

ガードナー

ヘノベサ島
（タワー島）

コスタリカ
パナマ
カルタヘナ
ベネズエラ

太 平 洋

ダーウィン島
ウォルフ島

ボゴタ
コロンビア

キト
エクアドル
グアヤキル

ガラパゴス諸島
（エクアドル）

ペルー

ブラジル

太　平　洋

ピット岬

サンタ・フェ島
（バーリントン島）

プエルト・バケリソ・
モレノ
レック岬
サン・クリストバル

サン・クリストバル島
（チャタム島）

諸　島

マゴワン礁

N

スアレス岬
エスパニョーラ島
（フッド島）

0　　　　　　　　　　　　40マイル

0　　　　　　　　　　　　50キロ

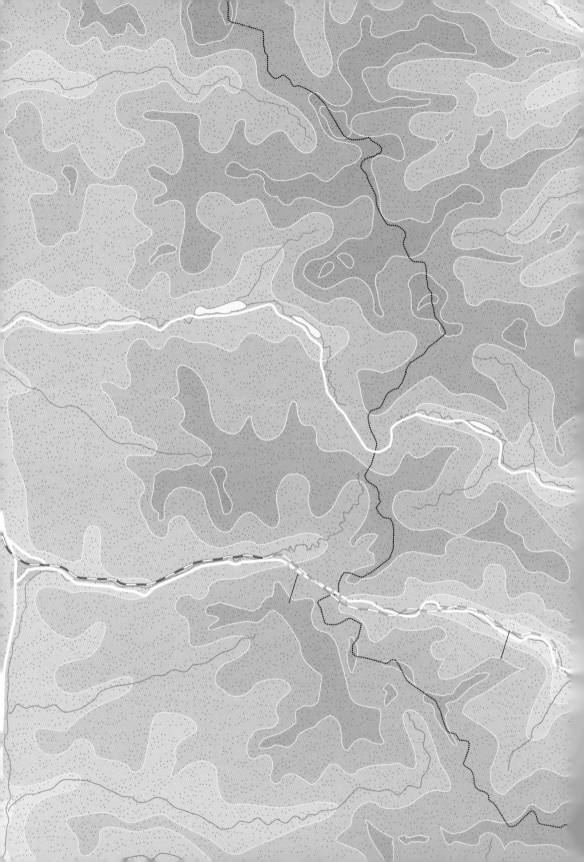

奇妙な起源を持つ場所

STRANGE ROOTS

ジョージア植民地

アメリカ

ジョージア州サバンナ

友の不遇の死をきっかけに、
イギリスの国会議員オグルソープは理想の町を作ろうと奔走する。
目を付けたのは新大陸、ジョージア植民地のサバンナだ。

　多くの本は、読まれないまま放置される運命にある。そうした人気のない作品を書いても罰せられることが少ないのは、物書きにとっては救いである。とはいえ、過去にはイギリスの作家ロバート・カステルのように、実質的にその罰を受けた人間もいた。

　1728年、カステルは著書『図解古代人のヴィラ』を執筆し、自費での出版に踏み切った。これは、建築芸術に関わる学者や職人の間で当時再び関心を呼んでいた、古代ローマの建築を考察した本である。時勢には合っているかに思えたが、本はその印刷費用をまかなえるほどは売れず、借金を返せなくなったカステルはフリート刑務所に収監された。フリート刑務所は債務者や破産者を収容するロンドンの監獄であり、その不衛生な環境は誰もが知るところだった。カステルは収監されると、天然痘が蔓延する牢獄の中で病にかかり、亡くなった。

　この急転直下の出来事に、カステルの親しい友人だったジェームズ・エドワード・オグルソープは大きく落胆する。オグルソープは『図解古代人のヴィラ』を購入した数少ない1人であり、読後には賛辞も寄せていた。

　地主階級に属するオグルソープは、軍人であり、ハスルミア選出の国会議員でもあっ

た。彼はカステルの死を受けて、刑務所改革という大義に取り組むことになる。1729年には、イギリス国内の刑務所を調査する庶民院委員会の議長に指名され、債務者監獄の実態を注視した。だがこの新しい役職に就いてまもなく、オグルソープは苛立ちを募らせることになる。既得権や私益を守ろうとする思惑や、官僚制度に阻まれて、委員会によるささやかな改善の提案すら受け入れられなかったためだ。

新大陸アメリカ

　母国イギリスには何らかの抜本的な改革が必要だと確信しながら、オグルソープがその実現を諦めかけた頃、彼の頭にあることが浮かんだ。大西洋の向こうにあるまったく新しい世界、すなわち新大陸アメリカのことだ。この真っ白なキャンバスのような場所ならば、画期的なアイデアを試すことも、伝統的なアイデアを蘇らせることもできるのではないか。そう考えたオグルソープは、アメリカに農業居住地のモデルを築くという構想を練り始めた。

　この居住地は、世俗的な法の支配のもと、「失業、貧困、経済的不幸、あるいは宗教迫害に見舞われたイギリスおよびヨーロッパの

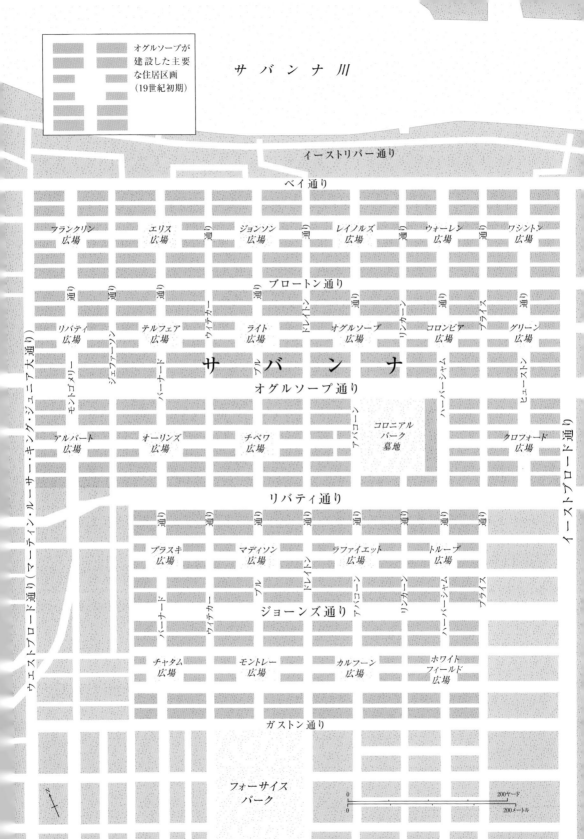

サ バ ン ナ 川

イーストリバー通り

ベイ通り

フランクリン
広場

エリス
広場

ジョンソン
広場

レイノルズ
広場

ウォーレン
広場

ワシントン
広場

ブロートン通り

リバティ
広場

テルフェア
広場

ライト
広場

オグルソープ
広場

コロンビア
広場

グリーン
広場

サ バ ン ナ

オグルソープ通り

アルバート
広場

オーリンズ
広場

チペワ
広場

コロニアル
パーク
墓地

クロフォード
広場

リバティ通り

ブラスキ
広場

マディソン
広場

ラファイエット
広場

トループ
広場

ジョーンズ通り

チャタム
広場

モントレー
広場

カルフーン
広場

ホワイト
フィールド
広場

ガストン通り

フォーサイス
パーク

オグルソープが
建設した主要
な住居区画
（19世紀初期）

ウェストブロード通り（マーティン・ルーサー・キング・ジュニア大通り）

イーストブロード通り

200ヤード

200メートル

　奇妙な起源を持つ場所

勤勉な市民に機会を与える場所」と位置づけられた。釈放された債務者も、自分とはほぼ無関係な事情で窮地に追い込まれた人々も、ここで再出発を果たせるというわけだ。聖職者のトマス・ブレイ、トマス・コラムといった著名な慈善家の後ろ盾を得て、オグルソープは「カロライナ南方にある」土地の分与を国王ジョージ2世に申し入れた。王の名を冠したジョージア植民地設立の勅許が下りたのは、1732年4月のことである。

7カ月後、オグルソープと114人の入植者はフリゲート艦アン号に乗り込み、グレーブゼンドからアメリカ大陸へ向けて出帆した。最終目的地であるサバンナ川湾曲部の断崖に達すると、彼らは事前の計画に沿って、アメリカ史上前例のない町づくりに取り掛かった。それは古代ローマ時代、哲学者兼建築家のウィトルウィウスが活躍した時代以来の、精緻な都市計画だったと言っていい。なぜならジョージア植民地サバンナは、初めから実用的な碁盤の目状にきちんと整備されることが決まっていたからだ。

町には24区画の公共広場が造られ、区画どうしは広い幹線道路で接続された。区画の大きさと比率はどれも均一で、外観の似た宅地スペースが各区画に同じ数だけ設けられた。その意図は、近隣の区画間でどちらが良い悪いという見た目の比べ合いが起こるのを防ぐことだった。平等の概念、啓蒙思想による平等主義を町の中心に据えることは、オグルソープの計画にとって必須の根本的な方針だったのである。

こうした方針へのこだわりを自ら体現するかのように、オグルソープは建設工事中にテントで暮らし、土着のヤマクロー族の人々にも「平等と博愛」の精神を強く求めた。また彼は、この植民地での奴隷使用に反対した。

見事な都市計画

最初の20年間で、サバンナにはおよそ6000人の入植者が定住した。オグルソープは1743年にイギリスに召還され、以来サバンナには戻らなかった。それでも長寿をまっとうした彼は、自ら設立した居住地が新たな独立国家アメリカの一部となる瞬間を、その建国の父たちに平等の理念が受け継がれる瞬間を目撃したはずである。

ユートピア的な農業集落として、より良い社会への出発点として築かれたジョージア植民地は、その理想とする姿にはなれないまま歴史を閉じた（オグルソープの意に反し、のちに奴隷制も導入された）。だが当初あった広場のうち22区画はサバンナに現存し、オグルソープの都市計画は見事な郊外設計例の1つとして評価を受けている。そう考えると結局のところ、不遇の作家ロバート・カステルは、すべての現代人にとっての恩人と言えるのかもしれない。

ジョージア植民地の創設者、ジェームズ・エドワード・オグルソープの銅像。碁盤目状に造られたかつての町の中心、チペワ広場に立っている。

シュメイナス

カナダ

バンクーバー島

製材業の衰退とともに、シュメイナスの経済も苦境に立たされる。
だが、楽観的な彼らは希望を失うことなく、
思いもかけない方法で町を再建する。

シュメイナスは元来、木材で成功した町だった。バンクーバー島の東側、ビクトリアから見て北の沿岸にあるこの小さな町は、カウチン・バレーの肥沃な山々の間で、伐採と製材を背景に裕福になった。ドイツやスコットランド、のちには中国や東インドからも人が移り住み、セイリッシュ海に面したこの町で仕事を見つけた。もちろん楽な仕事ばかりではなかったが、寒さが厳しくないというだけでも、ほかの地域よりは暮らしやすかったに違いない。

先住民ファースト・ネーションの人々から「暖かい土地」と呼ばれたカウチンバレーは、カナダでも有数の温暖な地域として知られる。最近のガイドブックによると、国内で最も高い年平均気温と、日照時間の長さがこの地域の魅力だそうだ。シュメイナスが長年にわたって製材業で栄えた理由も、日光が光合成を通じて木々の成長を促進させていたからにほかならない。

生き抜く決意

シュメイナスでの生活のすべては、森林を何らかの形で搾取することで成り立っていた。結果として共同体は繁栄し、住民は目的意識を共有するに至ったが、1970年代に木材の価格が下落し始めると、それまで町を特徴づけてきた産業も急速に衰えていった。稼働開始から120年後には、シュメイナスにあった製材所のほとんどは閉鎖された。

それでも、太陽に恵まれた土地の気質のせいなのか、シュメイナスの人々は楽観的だった。普通ならば希望を失ってもおかしくない状況の中、住民たちは町に残って生き抜く決意を固めた。そもそもシュメイナスは、現地のシャーマン（宗教的指導者）だったチャミニウスにちなんで命名された町だ。部族の言葉で「胸を負傷した者」を意味するこのチャミニウスには、致命的な怪我を負いながら見事に人々を率いたという伝説があった。この伝説に勇気づけられた地元の代表者は、政府からの補助金をある計画に投資しようと決断する。計画の提案者は、ドイツから移住してきたカール・シュッツという人物だった。

シュッツの提案は、表面的にはいくらか奇抜なものに思われた。最初はほとんど検討すらされず、シュッツは支持が集まるのを何年も待たなければならなかった。しかし、町の利益と芸術性に主眼を置いた計画であることが理解されると、幸いにして積極的な賛同者が増え、ついには反対者の数を凌ぐほどになった。

シュッツの提案は、シュメイナスを生きたギャラリーにするというものだった。町中の建物や壁をキャンバスにして巨大な壁画を描き、地域の豊かな歴史をさまざまな側面から紹介しようというのだ。そうした芸術作品や文化遺産は観光客を引き寄せ、町の誇りを高めるばかりでなく、共同体の絆、熟練の技術、伝統が守られる場所としてのシュメイナスの未来を確かなものにするはずだ、とシュッツは主張した。

壁画の町

最初の5つの壁画は1982年に製作された。大胆かつ色鮮やかに描かれたそれらの壁画のテーマは、轟音を響かせてシュメイナス川の丸太橋を渡るコッパーキャニオン鉄道の蒸気機関車から、20世紀前半に海沿いで経営されていた悪名高いホン・ヒン（商魂たくましい中国人のフォン・イェン・ルー）の雑貨店や賭博場の店構えにまでわたった。シュッツの構想は完璧な形で実現した。

本書の執筆時点で、シュメイナスの壁画は40を超え、現地では毎年壁画をテーマにしたフェスティバルが開催されている。その影響は地域を超えて広がり、シュメイナスをモデルにした都市も世界中に出現した。アート化したことで地元経済が最も直接的かつ飛躍的に上昇したのは、タスマニアのシェフィールドだろう。現在シェフィールドには、公衆芸術の単一コレクションとして世界最大規模を誇る、100以上の壁画が存在する。とはいえ、その発祥の地はあくまでもシュメイナスであり、「わが町が最高だ」という住民たちの主張は当然揺らぐことがない。

シュメイナスを訪れた観光客は「壁画ツアー」を楽しめる。幅31メートルほどの壁画、その名も「変化する世界」には、1833年から1939年までに完成した歴史的建築物や、この時期に起きた出来事がモンタージュ風に描かれている（上）。ウィロー通りに立つ店舗の壁を飾るのは、シュメイナスの住民として広く愛されたビリー・トーマスの肖像画だ（下）。

バズルジャ・モニュメント

ブルガリア

スタラザゴラ州

とある田舎のはずれに、
周囲の風景とは不釣り合いなほど壮麗な廃墟がある。
ブルガリアにおける共産党の勃興と衰退を象徴する建造物だ。

ラテン語には、「忠告する、警告する、助言する」を意味する「モネーレ」という語がある。この「モネーレ」から派生した「モニュメント」という言葉は、単に「何かを思い出させるもの」と定義される。しかしブルガリ

ア中央部スタラザゴラ州、バルカン山脈の荒涼とした頂に立つバズルジャ・モニュメントは、何かを思い出すための記念碑ではない。何かを忘れるための記念碑である。この空飛ぶ円盤の形をしたコンクリートの建物は、荒

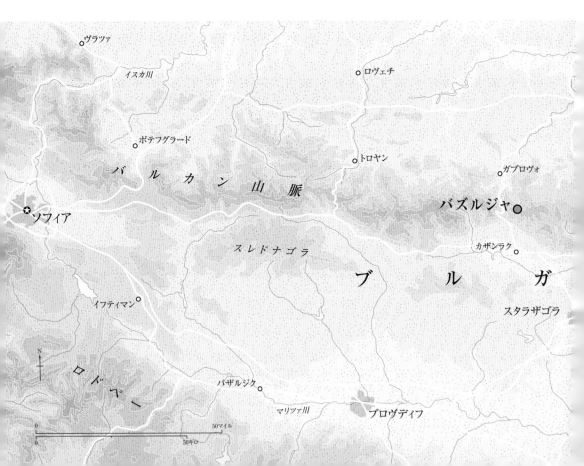

廃して落書きだらけの姿になっている。時間の流れの中で自然に風化していったのならば、これほど無残な状態にはならなかっただろう。だからこそバズルジャ・モニュメントは、意図的な忘却があったことを示す記念碑として、そこに存在しているのだ。

共産党ホール

バズルジャ・モニュメントの本体である共産党ホールは、かつてブルガリアで最も重要な建物だった。高地にそびえているため、その姿は遠くからでも確認できる。印象的な外観は今も変わらないが、畏敬や愛着の対象とみなされることは昔よりも少なくなった。

最初にこの建物が建てられる際、シプカ峠の中腹にある山の上が立地として選ばれたことには大きな意味があった。ここは1868年、

ステファン・カラジャとハジ・ディミタル率いるブルガリアの反乱軍が、オスマン帝国軍を相手に無謀とも思える（そしてディミタルにとっては致命的な）出撃を始めた地なのだ。その後、1877〜78年の露土戦争から10年を経て、ブルガリアは500年に及ぶトルコの支配からようやく解放された。

この戦争中にはシプカ峠でも激しい戦闘が繰り広げられたが、ブルガリアのパルチザンはロシアの援軍を受け、バズルジャ山でトルコ軍を撃破している。ブルガリア市民はこれを記念して、玉ねぎの形をした黄金の屋根を持つ、豪華なロシア風正教会を山の上に建てた。林の中に突然現れたその建物は、南西に9.5キロほど離れた場所にあるシプカの質素な町には、いくらか不似合いに見えた。

1891年、バズルジャ山の頂上で、急進的な

左翼集団による最初の社会主義研究会が開かれた。これがブルガリア共産党の前身、ブルガリア社会民主労働者党の結成の契機となった集会である。バズルジャ山での集会は、この場所に残る政治史も相まって、崇高な理想を成し遂げようとする機運、革命への激しい呼び声をいっそう高めることになった。

1946年に共産党が政権を握ると、1950年代後半以降には、バズルジャ山に建設する記念碑のデザインコンペが政府主催で開かれるようになった。記念碑は祖先に捧げるにふさわしいものとされ、最初は銅像3体と、1891年の社会主義研究会を描いたレリーフが彫られた。そして1970年代には、ここに新たなデザイン案が加わった。屋根が平らになった記念ホールと、頂上に赤い星が輝く塔を、隣り合うように建設するという案だ。

未来的な設計

その設計を担当したゲオルギ・ストイロフによれば、建設費用はブルガリア市民からの寄付でまかなわれたそうだ。これは共産主義者を対象とした原始的なクラウドファンディングだったと言ってよいだろう。最終的に集まった1620万レフ（日本円で約9億7000万円）のうち、特に大きな割合を占めたのは記念切手の売り上げだった。この切手はあくまでも過去の偉業を称えるものだったが、ストイロフは臆することなく、未来的な設計に挑戦した。カルト的人気を誇ったテレビ番組、「スター・トレック」のカーク船長が乗っていたエンタープライズ号を思わせる円形のホールには、7万7000トン分のコンクリート、3300トン分の鋼鉄、44トン分のガラスが資材として投じられた。建設部隊から動員された500人以上の兵士と、多数の芸術家、技術者、技能者、ボランティアが働いて建物を完成させたのは、着工から実に7年後のことだった。

冬場はマイナス30度まで気温が下がるため、5月から9月までの比較的温暖な時期にしか工事を進められなかったのが原因だ。

1981年8月23日、最初の社会主義研究会が開かれてからおよそ90年目のこの日、バズルジャ・モニュメントはブルガリア共産党書記長のトドル・ジフコフによって公開された。ホールの内部は、ブルガリアにおける共産主義の歩みと社会主義の素晴らしさを称えた壁画で彩られ、ジフコフらしき人物の顔もそこに大きく描かれた。ドーム形の天井の中央には、農民と労働者の団結を表す鎌と槌の巨大なエンブレムが誇らしげに飾られた。

しかし1989年にベルリンの壁が崩壊し、それに続いてソ連が崩壊すると、共産主義を象徴する図像は──たとえそれが精巧かつ多彩に表現されたタイル画であっても──時代にそぐわないものとなっていく。バズルジャ・モニュメントも打ち捨てられ、風雨にさらされ、やがて破壊された。特に早いうちから犠牲になったのはジフコフであり、彼を描いた壁画は削り取られ、あとには空白だけが残った。その空白も、記念碑の残りの壁も、まもなく落書きで埋め尽くされた。崩れ落ちそうな玄関の頭上には、「Forget the Past（過去を忘れろ）」という英語が赤い塗料で書かれていた。だが最近になって1語が書き加えられ、現在は「Never Forget the Past（過去を決して忘れない）」というスローガンに変わっている。

さまざまな国から訪れる観光客の間で、バズルジャ・モニュメントは廃墟としての知名度を高めつつある。また共産主義の終焉以降に生まれたすべての世代にとって、ここは自分の知らないブルガリアの歴史が眠る、興味深い場所と映るようだ。長く放棄されたバズルジャ・モニュメントを救うのは、結局そうした「ファン」の声なのかもしれない。

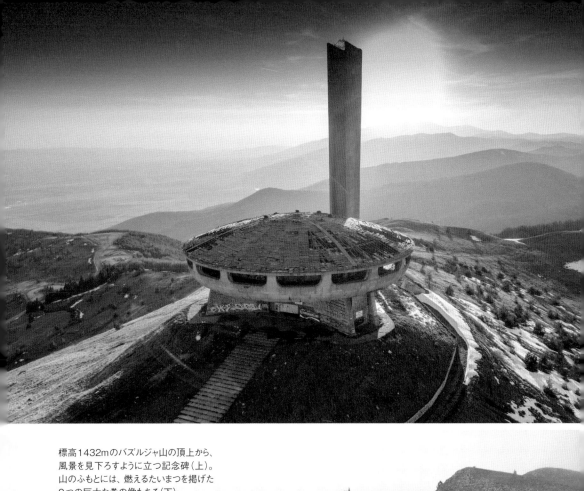

標高1432mのバズルジャ山の頂上から、
風景を見下ろすように立つ記念碑（上）。
山のふもとには、燃えるたいまつを掲げた
2つの巨大な拳の像もある（下）。

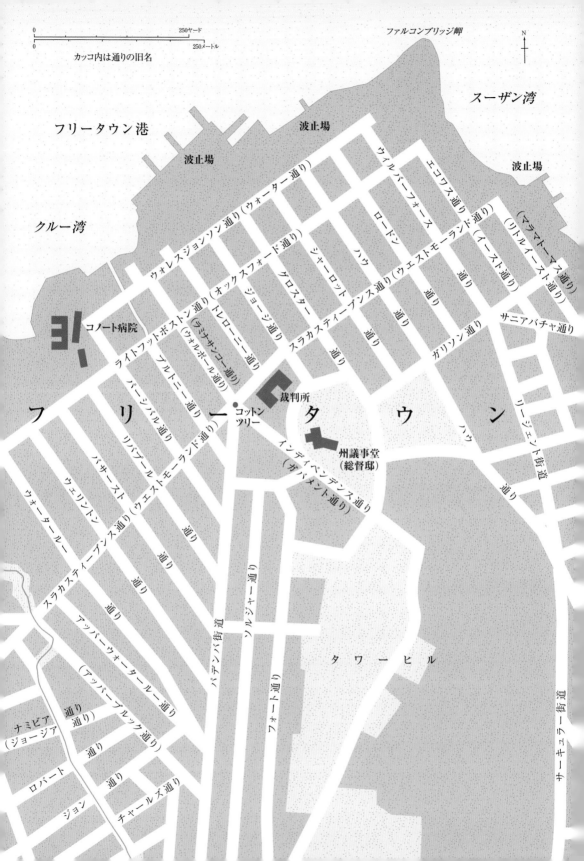

フリータウン

フリータウン港　クルー湾　スーザン湾　ファルコンブリッジ岬

波止場　波止場　波止場

0　250ヤード
0　250メートル
カッコ内は通りの旧名

N

コノート病院

ウォレスジョンソン通り（ウォーター通り）
ライトフット・ボストン通り（オックスフォード通り）
ウィルバーフォース通り
エコウス通り
（マライトーマス通り）
（リトルイースト通り）

ウエストモーランド通り（イースト通り）

ラミナサンコー通り
（ウォルポール通り）
トレローニー通り
ジャーロック通り
ローデン
通り
通り
通り
サニアバチャ通り

パーシバル通り
プルトニー通り
ジョージ通り
グロスター通り
スラカスティーブンス通り（ウエストモーランド通り）
ガリソン通り

裁判所
コットン
ツリー

リンデアール通り

バキースト
通り
インデイペンデンス通り
（ガブメント通り）
州議事堂
（総督邸）

ウェリントン
通り

スラカスティーブンス通り（ウエストモーランド通り）
通り

ソルジャー通り
フォート通り
バデンバ街道
リージェント街道

ウォーター
通り
アッパーウォータールー通り
（アッパーブルック通り）
通り
通り
タワーヒル
マッケラー街道

ナミビア
（ジョージア）
通り
通り
ロバート
ジョン
チャールズ通り

フリータウン

シエラレオネ
西アフリカ

名前が示す通り、この町は解放奴隷の居住地として作られた。
その動機がどこまで高尚だったのか疑う向きもあるが、
歴史の闇から抜け出す一助になったことは間違いない。

シエラレオネの首都フリータウンは、大西洋に面した西アフリカの半島上にあり、周囲を緑深い山々と青い海に囲まれている。世界で3番目に大きな自然港に恵まれる一方で、アフリカ最多の年間降水量に悩まされているのがこの町だ。

梅雨の最盛期である8月には、フリータウンの降水量は約400ミリに達する。洪水は毎年深刻な被害を出し、2017年の夏には鉄砲水で崩落したシュガーローフ山の一部が、中腹にあるリージェント村を襲った。斜面を流れ落ちる大量の泥と土砂降りの雨が、住宅を押し流し、人々を生き埋めにしたのである。犠牲者は400人を超え、何千人もが家を失うことになった。これは近年でも最悪の自然災害に数えられるが、シエラレオネはこのとき、10年に及んだ悲惨な内戦を乗り越え、2014年以来のエボラウイルスの流行からようやく回復する途上にあった。

解放奴隷の居住地

フリータウンはユートピア的楽観主義の精神のもと、解放奴隷の居住地として18世紀後半に設立された。ただし、その背後にある動機がどこまで高尚なものであったのかは、今も議論を呼んでいる。入植を発案したのは、博物学者であり語源学の第一人者でもあったヘンリー・スメスマンだった。イギリス、ノース・ヨークシャー沿岸のスカーブラで酒造家兼ブランデー商人の息子として生まれたスメスマンは、ジョゼフ・バンクスのほか、クエーカーの慈善家で博物学者のジョン・フォザギルからも支援を受け、1771年にアフリカと西インド諸島をめぐる旅に出発した。おもに滞在したのはシエラレオネの南西にあるバナナ諸島で、スメスマンはここで植物、昆虫、鉱物の採集と研究をしながら約4年を過ごした。中でも彼がすぐに夢中になったのは、シロアリの生態だった。

1781年にイギリスへ戻ると、スメスマンは『アフリカなどの高温地帯で見られるシロアリの記録』と題した論文を発表し、貴族や知識人の間で「シロアリ学の父」ともてはやされた。スメスマンが西アフリカに滞在していた当時、バナナ島や、その近隣にあるプランテン島やバンス島では、イギリスとの大西洋をまたいだ奴隷貿易が盛んに行われていた。しかし1780年代に入ると、フォザギルやグランビル・シャープなどの活動家に主導され、奴隷制度廃止の機運が全国で高まっていく。シャープはそれ以前にも、ボストンからロンドンへ連れられたあとに逃亡した奴隷の

ジェームズ・サマーセットを弁護し、サマーセットに自由を勝ち取らせた実績があった。「サマーセット判決」と呼ばれる1772年のこの出来事以降、イギリスでは自国内および植民地内での奴隷の所有は違法だとする見方が広がり、1883年に奴隷制度廃止法としてついに法律化された。

コモン・ロー（判例法）の下、国王の臣民として自由を得たいと願う解放奴隷や逃亡奴隷の多くは、アメリカ独立戦争の時点で体制側を支持していた。奴隷たちは戦争後にイギリスへ避難し、アメリカ全土をはじめ各地の黒人もこれに続いて、多数がロンドンに住み着いた。

こうした難民の窮状を緩和しようと、スメスマンは1786年、解放奴隷のための居住地建設を提案した。奴隷を使用しない植民地、農業と貿易を通して繁栄を目指す「自由の国」をつくろうというのだ。スメスマンの案によ

れば、住民は「申し合わせ」により「彼あるいは彼女が耕せるだけの土地の所有」が認められ、自身の仕事の成果物から利益を得られるとされた。ただ多くの現代社会史家は、この計画の裏に別の意図があった可能性を疑っており、実際は民族浄化運動の一環だったのではないか、搾取（さくしゅ）の形態を変えようとしただけだったのではないかと分析している。だが少なくとも当時のスメスマンの提案は、グランビル・シャープなどの著名な奴隷制度廃止論者に後押しされ、支持を集めていた。

一度目は頓挫

1787年、400人近い解放奴隷が無事にシエラレオネへ渡った。しかし出発が遅れたため、彼らの到着はちょうど梅雨の始まる時期と重なってしまった。食料の備蓄が減っていき、病気が蔓延（まんえん）し（最も多いのはマラリアだった）、先住民との諍い（いさか）が続く中、入植は

シエラレオネという国名は、フリータウンの上にそびえる山々に由来する。ポルトガルの探検家が最も高い山を「セラリオア（ライオンの山）」と呼び、この名前が英語に翻訳されて「シエラレオネ」になったのだ。

思うように進まず頓挫する。新たな「帰還者」の団体がイギリスから到着し、再びこの地で入植を試みたのは、1792年のことだった。

　移住者たちは、その大多数が北アメリカからの解放奴隷だったという理由で「ノバスコシアン」と呼ばれた。イギリス初となる反奴隷制度法が可決した1807年以降、シエラレオネの人口は増加したが、この時点ですでにイギリスから領有権を主張されていたため、完全な「自由の国」とは言えない状態にあった。

　シエラレオネはイギリスが西アフリカに築いた初の植民地であり、フリータウンの山村にも、ヨーク、リージェント、バサースト、レスター、グロスターといったイギリス風の名前が付けられた。それでも、1787年にフリータウンの前身が創設されたことは、アフリカから大西洋を超えて北アメリカの植民地へ連行され、プランテーションで奴隷労働を強いられていた人々を解放する第一歩となった。たとえこの計画の動機や手段にどのような問題があったとしても、それは歴史的にほぼ疑いようのない事実だ。

フレッシュキルズパーク

アメリカ

ニューヨーク市

「新鮮な水」で知られたこの湿地帯は、
やがて巨大なごみ処分場となり、悪臭の漂う汚れた地となる。
そして今、再び豊かな自然を取り戻しつつある。

21世紀の今に至るまで、ニューヨークのスタテンアイランド・フェリーほど美しいオレンジ色の乗り物は存在しない。マンハッタンからスタテンアイランドへ向かうこのずんぐりした小型船は、1970年代風の、日に焼けた深いオレンジ色をしている。スーパー8mmフィルムのパッケージ、あるいはタートラジンが禁止される以前の炭酸飲料を思わせるオレンジだ。この色は、淀んだハドソン川の緑がかった灰色と比べても、ビッグアップルのビル群の輝きと比べてもよく目立つ。古くさいどころか、かえってクラシックな魅力がある。マンハッタンの岸辺に立つ港口近くの市場には、銀行家とロフトアパートメントが集まる現代のニューヨークを象徴するかのように、自家栽培の高価な農産物が並んでいる。

しかしここからフェリーに乗れば、私たちはいつでも過去にタイムスリップできる。料金はそもそも必要ないし、船からの絶景も見どころだ。マンハッタン島が遠ざかっていくと、その剣山のような島の形に心から圧倒される。

スタテンアイランドには、かつて世界最大の埋立地だったフレッシュキルズがある。旧名を「フレッシュ・キルズ」(2語)というが、これは17世紀のオランダ人入植者たちが、島の西側の潮汐溝を流れる「フレッシュ(新鮮)な水」にちなんで命名したものだ。フレッシュ・キルズは、渡り鳥やアオガニが頻繁に集まり、草花が咲き誇る湿地帯だった。自然豊かなスタテンアイランドは、やがて苗畑として利用されるようになり、拡大する大都市向けのビーチリゾートとしても——ロングアイランド同様の、いわば気軽な旅行先だ——需要を高めていく。しかし19世紀初めの時点で、この島には検疫所が残っていた。湿地という特性ゆえ、フレッシュ・キルズがたびたびマラリアの発生源となっていたのだ。

ごみ処分場

20世紀に入ると、ニューヨーク市公園局長のロバート・モーゼスがフレッシュ・キルズに降り立った。ここに市の新たなごみ処分場を建設するためだ。絶大な権力者であるモーゼスは、かねてから「建設コーディネーター」を名乗り、ニューヨークの景観を変え続けていた。都市計画の統括者としてブロンクス中心部に6車線の高速道路を通し、この地区を荒廃させるという功罪も生んだ。

モーゼスによるフレッシュ・キルズの埋め立て計画は、1948年から実行に移された。湿地がごみで満杯になった時点で終了するこ

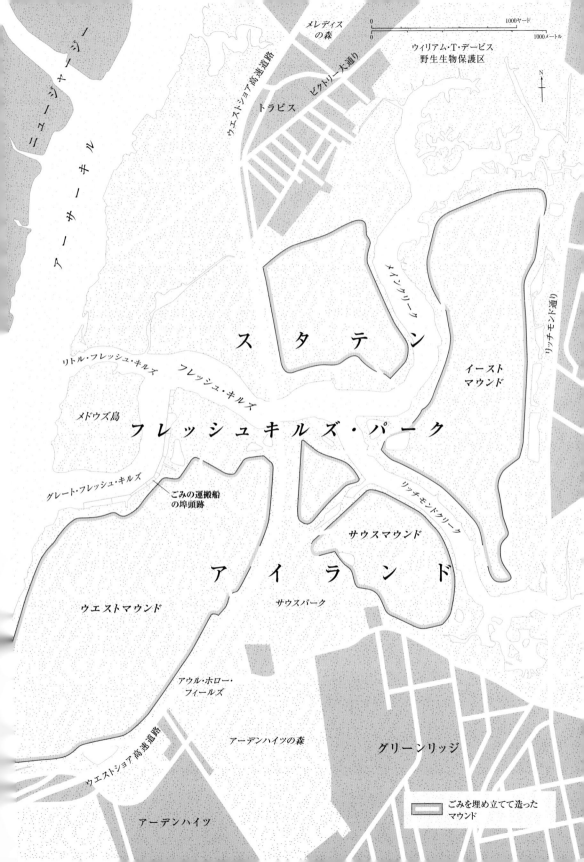

と、3年後には住宅地として再開発すること
を条件に、地域住民もいちおうは了承した。
当然ながら、フレッシュ・キルズへ優先的に
持ち込まれるのは大都市ニューヨークのごみ
だった。市内5地区から運ばれてくるごみの
量は、1950年代半ばまでに、1日3万トンに
のぼった。風の吹いている日は、広大な処分
場から発せられる悪臭が何マイルも先まで届
くこともあった。

フレッシュキルズパークから眺めた
マンハッタンの街並み

自然を取り戻す

　環境への影響が懸念される中、ニューヨー
ク市当局は1990年代の終わりに処分場の閉
鎖を決定した。最後のごみが処分されたのは
2001年だったが、そのとき運ばれてきた中に
は、9・11で崩壊した世界貿易センターの残
骸も含まれていた。

　以来、危険な廃棄物に上から蓋をする作業
が行われ、フレッシュキルズ（この時代から
1語になった）は次第に自然を取り戻して
いった。大規模な事業で費用もそれなりにか

かったが、ごみ山はすっかり草に覆われ、有害というに等しかった以前の姿からは見違えるほどに変化した。処分場だった過去などなかったかのように、生態系が復活し、猛禽類、バッタ、スズメ、フクロウ、げっ歯類、コウモリ、チョウなどが再び多く集まるようになった。

　セントラルパークの3倍近い総面積を持つフレッシュキルズは、将来的にはニューヨーク最大の公共緑地に生まれ変わる予定だ。野生生物の生息地を、環境を守るべきだという声が高まったためである。

　1858年にコンペを勝ち抜き、セントラルパークの設計を手掛けたのは、アメリカの先駆的な造園家であるフレデリック・ロー・オルムステッドらのグループだった。かつてスタテンアイランドの住民だったオルムステッドが今も存命していたなら、フレッシュキルズの緑地化に必ずや賛成したことだろう。

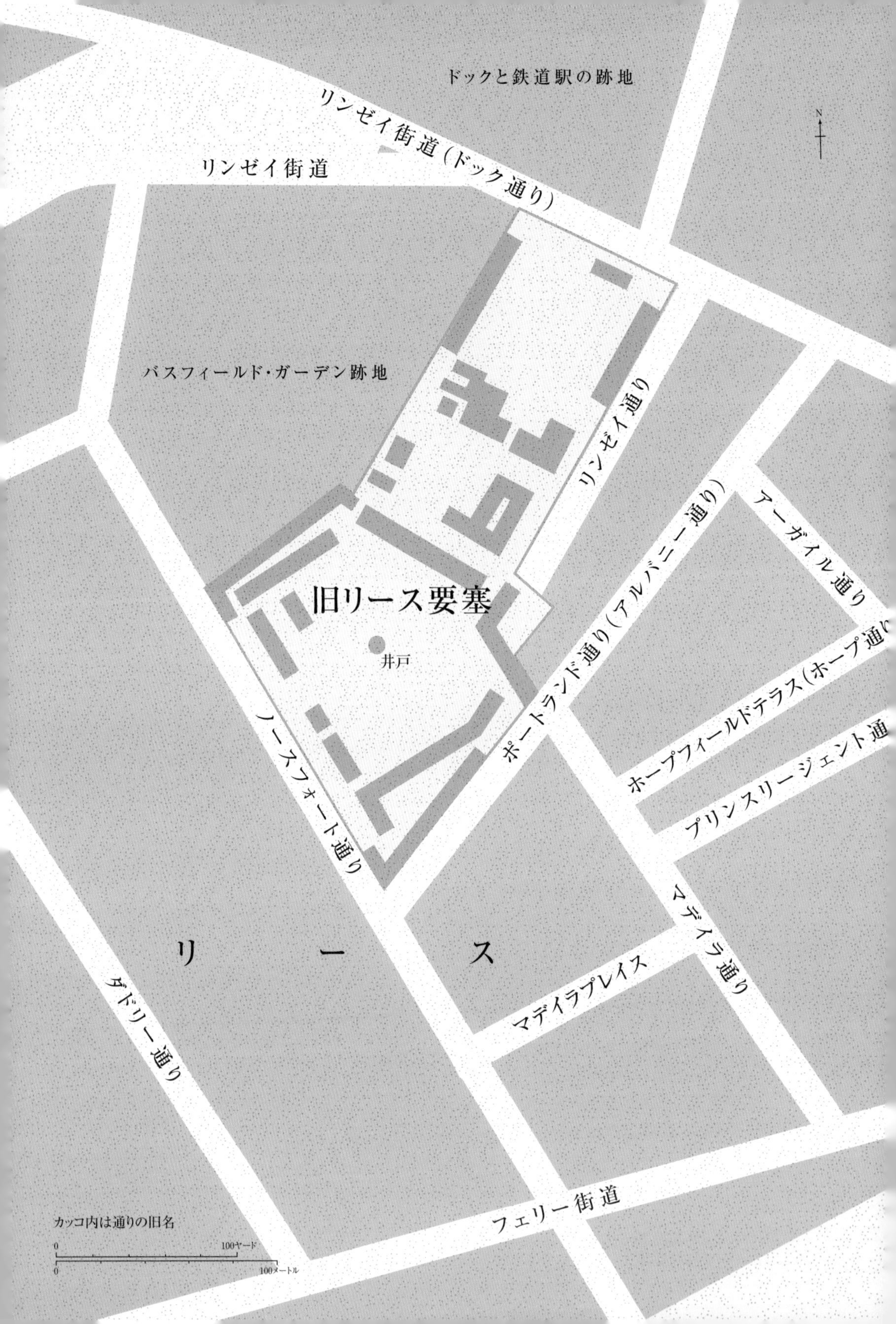

ドックと鉄道駅の跡地

リンゼイ街道（ドック通り）

リンゼイ街道

N

バスフィールド・ガーデン跡地

リンゼイ通り

旧リース要塞

井戸

アーガイル通り

ポートランド通り（アルバニー通り）

ホープフィールドテラス（ホープ通り）

プリンスリージェント通り

ノースフォート通り

リ ー ス

マデイラ通り

ダドリー通り

マデイラプレイス

フェリー街道

カッコ内は通りの旧名

| 0 | | 100ヤード |
| 0 | | 100メートル |

北緯55度58分38.1秒
西経3度11分4.4秒

フォートハウス

イギリス

スコットランド　エディンバラ

艦隊の襲撃を機に、リースの住民は街を要塞化する。
深刻な経済危機を経て、要塞を構成していた構造物は
取り壊され、分厚い壁が名残を残すのみとなった。

　イギリスの男にとって、家は城だとよく言われる。これは17世紀、不動産を所有するのがおもに男性だった時代に生まれた言葉だ。家の持ち主の基本的権利として、「迷惑な侵入者は撃退できる」と定めたコモン・ロー（判例法）の原則に由来する言葉でもある。スコットランド、エディンバラ北東部のリースに暮らす人々にとって、家が文字通り「わが城」となったのは1960年代のことだった。この時代にエディンバラでは再開発計画が持ち上がり、リースにあった要塞の一部が住宅へと変えられたのだ。

　リース川の河口に位置し、風が吹きすさぶフォース湾に面したリースは、何世紀も昔から続くエディンバラの海の玄関口だ。18世紀までに北海貿易の中継地となり、アメリカ独立戦争時には、イギリスが商業力と海運力を発揮する重要な拠点となった。

　独立戦争中の1779年、大胆にもリースの占領を企てた人物がいた。アメリカ海軍創設の立役者で、スコットランドのカークカッドブライト出身のジョン・ポール・ジョーンズである。スコットランドの北岸沖から船で近づいたジョーンズは、リースを攻略して、港を盾に身代金を要求しようとした。

　何の守備隊も持たなかったリースは、この襲撃に対してまったくの無防備だった。岸壁には精鋭の民兵たちが急遽集められたが、7隻からなる巨大なアメリカ艦隊が視界に入ると、誰もが敗北は決定的だと覚悟した。もはや面目を保つためだけにその場に立ち尽くすしかなかった。

　しかし、ただでさえ風の強いエディンバラにおいても、沿岸にあるリースは特に風の強い場所だった。吹き荒れる風の中、ジョーンズの艦隊はフォース湾の入り口で足止めされ、結局ここで攻撃を断念する。まさに驚くべき運命の逆転劇だった。

街を要塞化

　リースの住民は安堵のため息をついたが、今後は風の助けに頼ってばかりもいられない。手薄な防御を何とかして補強する必要があった。そこで年が明けないうちから、建築家のジェームズ・クレイグの計画に沿って、リースに要塞を築く工事が始まった。このクレイグは、進歩と合理性という啓蒙主義の原則を見事に体現した街、エディンバラ新市街の設計者でもあった。

　最初の要塞を構成していたのは、北向きに半月形で並べられた9つの砲台と、南側にある大きな稜堡、そして兵舎だった。ナポレオ

67

ン戦争時には境界壁、衛兵所、門を加えて拡張され、フランス人捕虜の収容のために使用された。

1824年にはエディンバラで大火が起き、リース要塞の砲兵たちも街を守ろうと奮闘した。しかし4日間続いた地獄の猛火により、エディンバラ教区の象徴だった由緒あるトロン教会は焼けてしまい、街に残っていた歴史的建築物の一部も崩れ落ちた。

リース要塞は第二次世界大戦中にイギリスの軍事基地となり、それから1956年までの長い間、イギリス陸軍会計科の拠点として機能した。そしてこの部隊が離れると、エディンバラ市議会は、要塞のある土地を都市の再開発に充てることを決めた。

この計画において、エディンバラ中心部の背割り長屋は、時代遅れの不衛生な建物だとして撤去された。一方で周縁部にある要塞は、壮大で近代的な3棟の高層住宅へと生まれ変わった。中でも圧巻だったのは、ミラー、グレンディニング、ムテジウスの共同会社によって建設された、カンゴーム・アンド・グランピアン・ハウスという双子ビルである。21階建てというその高さには、貧しい街をどうにか立て直そうという市議会の熱意が表れていた。

再開発にあたってリース要塞の大部分は取り壊されたが、いくつかの構造物は保存された。そのため、一部の外壁やパラディアン風の門衛所が残る場所では、現代の進歩的な市政と古い時代の軍国主義とがぶつかり合い、奇妙な光景を作り出していた。衛兵所は、住民のためのさまざまな施設に改装された。あるものは変電所に変えられ、またあるものはフォートハウスの管理人室として再利用された。フォートハウスとは、地所の中心にあった7階建ての住宅のことだ。

深刻な経済危機

1970年代の半ば以降、スコットランドは深刻な経済危機に見舞われた。失業率はそれまでの倍になり、1980年代前半にはさらにその倍になった。1984年には、リース最大規模の雇用者だったヘンリー・ロブ造船所が閉鎖された。失業者の増加に加え、それに伴う社会問題が増えたことも、街を衰退させる原因になった。パキスタン産の安価なヘロインが1980年代初頭のリースで流行していたことは、アービン・ウェルシュのベストセラー小説『トレインスポッティング』にもフィクションの形で生々しく描写されている。

リースはもはや、極限まで落ちぶれたと言ってもよかった。薬物乱用、犯罪、反社会的行動の温床になり、スコットランド最悪の場所とたびたび紹介された。2013年には、最後まで残っていたフォートハウスがついに取り壊された（カンゴーム・アンド・グランピアン・ハウスは、早くも1990年代にブルドーザーの下敷きになった）。現在その跡地には、かつての再開発構想をモデルにした新しい低層住宅が建っている。ただし以前のようなブルータリズム様式ではなく、要塞のような分厚い壁に守られていることが、これらの住宅の特徴になっている。

要塞にあったパラディアン風の門衛所は1960年代の最初の再開発に組み込まれ（左上）、2017年の改修でも残された（右上）。ほかにも要塞の外壁が一部そのままとなっている（下）。

チェスシティ

ロシア

カルムイク共和国エリスタ

為政者の道楽は、時に大きな遺産を残す。
チェスに魅入られたカルムイクの大統領は、国民の困窮を顧みず、
巨額の資金を投じてチェスの専用施設を建造した。

　ロシアには何世紀も前から、チェスを愛する人々がいた。言い伝えによれば、初代ツァーリのイヴァン4世が亡くなったのは、チェスのプレー中だったそうである。ピョートル大帝にとってチェス盤は遠征の必需品であったし、エカテリーナ2世も長い治世の間に、愛人との逢瀬の合間を縫ってチェスに興じていた。

　レーニンやトロツキーもこのゲームに魅了された。1917年のロシア革命後には、「労働者にチェスを広めよ！」のスローガンの下、与党・共産党がチェスを推進した（そして言うまでもなく、カール・マルクスもチェスの愛好者だった。1850年代にロンドンで貧しい亡命生活を送っていた頃には、何日も続けてプレーするほど夢中だったという）。こうしてチェスはソ連全土に普及した。1925年にモスクワで世界初の国際トーナメントが開かれると、その人気はますます高まった。

　ロシアの映画監督フセヴォロド・プドフキンは、この歴史的大会の様子を撮影し、本物のプレーヤーを多数カメオ出演させたシーンと組み合わせて、無声映画『チェス狂』を完成させた。これはチェスに熱狂する首都モスクワを描いた作品で、共産主義プロパガンダの要素はほとんどなく、軽快でほほえましい恋愛コメディに仕上がっている。あらすじは、チェスにのめり込みすぎた青年が、自分の入籍をすっぽかしてしまうというものだ。

　ベルリンに移住したウラジーミル・ナボコフは、新進のチェス・プロブレム作家として収入を増やし、初期の小説『ディフェンス』でもチェスの魅力にとりつかれたロシア人を描いた。その主人公アレクサンドル・イヴァノヴィチ・ルージンは、チェス盤の上でだけ才能を発揮するグランドマスターであり、最後にはゲームに溺れて自分を見失った。

カルムイク人の受難

　1970年代には、アメリカの神童ボビー・フィッシャーとソ連の名手ボリス・スパスキーが、核と宇宙の覇権争いさながらの白熱した戦いを繰り広げた。冷戦終結以降はチェスへの注目度も低下したが、ロシアにあるカルムイク共和国では、このゲームへの情熱が今も失われずにいる。

　カスピ海の北西沿岸に位置するカルムイクは、荒涼とした草原が広がる辺境の小さな国だ。面積はスコットランドほどしかなく、ロシアでも特に貧しい地域にあたる。住民は仏教徒で、彼らの祖先は、17世紀にこの地に定住したモンゴル系遊牧民である。

カルムイク人はここで長く暮らしていたにもかかわらず、スターリン時代の1943年に一斉にシベリアへ追放され、半数近くが命を落とした。残り半数は1957年に帰還したが、故郷で待っていたのは、集団農場への強制参加という試練だった。政府の指示で外来種の羊が大量に輸入されるなどした結果、カルムイクの農業は大打撃を受けた。肥沃だった耕作地の大部分も次第に砂漠化していった。この新たな土地に何とか適応しようと、カルムイクの人々は数十年にわたって知恵を絞ってきた。羊を飼うことをやめ、代わりの乳や肉がとれるラクダを繁殖させて生き延びてきた。

しかし、ソ連崩壊後にカルムイクの大統領に就任した富豪のキルサン・イリュムジーノフは、そうした国内の状況を重く受け止めていなかったようだ。イリュムジーノフはどこからか入手した巨額の資金を投じて、カルムイクに世界的なチェスの中心地を築こうとした。当時、その資金を注ぎ込むべき逼迫した場所は、ほかにもあったであろうに。

チェス好きの大統領

イリュムジーノフは、子どもの頃から筋金入りのチェス好きだ。15歳のときには、カルムイクのチェス・チャンピオンにもなっている。彼はまだ30代だった1993年に、「裕福な大統領」こそ「汚職の防止装置」だと演説し、圧倒的な支持を得て政権の座に就いた。そして大統領になるとすぐ、国内のすべての学校でチェスを必修科目にした。1995年には国際チェス連盟（FIDE）の会長に就任し、翌年のFIDE世界選手権をカルムイクの首都エリスタへ招致した。そしてこの成功をきっかけに、イリュムジーノフにある夢が誕生する。エリスタ郊外の寂れた土地に、チェスの専用施設、その名もチェス・シティを築くというものだ。

1998年のチェス・オリンピアード開催に合わせて、エリスタにはガラスと鉄鋼の荘厳なチェス宮殿が建てられた。その脇にはバンガロー村、ホテル、店舗、プールも立ち並んだ。しかし開発計画は次第に立ちゆかなくなった。現地で人権侵害を受けたという報告が世界各国のチェス団体から寄せられ、それに対する懸念が高まったためだ。加えて、宇宙人に誘拐されたというイリュムジーノフの奇怪な発言や、プーチン体制下での金融規制の強化も引き金になった。

今もチェス宮殿のロビーには、当初の設計案から作られたチェス・シティの建築模型が展示されている。模型の中には、ルークの駒から思いつきでデザインされたような、小塔つきの城も見られる。チェス宮殿とその周辺施設は、現在は博物館や結婚式場として利用されている。といっても、ここで結婚式を挙げられるのは、婚約者を放置せずほどほどにチェスを楽しめる人だけだ。

チェスシティの複合ホテル（上）。さらなる開発を望む声もあるが、世界の一流プレーヤーを集めた大会が1998年に開かれたのを最後に、町の大部分は廃れてしまった。

フォードランディア

ブラジル

パラ

アメリカで自動車産業を開いたフォードは、さらに理想的な
車造りの環境を求めて、ブラジルに街一つを丸ごと建造した。
だが、従業員の不満により失敗に終わる。

　さまざまな資料から明らかになっている通り、自動車メーカー創業者のヘンリー・フォードは選り好みの激しい人物だった。雇い入れる従業員のタイプについてはもちろん、食べ物にも強いこだわりを持っていた。

　フォードはアメリカ中西部、ミシガン州ディアボーンの貧しい農場で育った。成長して家畜の世話をするようになったが、自身は生涯にわたって肉食を忌避し、すべての動物性食品を大豆に置き換えるべきだと訴えた。小麦の粒を発芽寸前まで水に浸し、それだけを昼食として食べていたこともある。また、小腹がすいたときや食事の時間がとれないときは、乾燥させた穀類をピーナッツのように口に放り込んでいた。

　食べ物を単なる燃料とみなしていたフォードにとって、豪華な料理は資源とエネルギーの無駄づかいに過ぎなかった。一時期、オートミール、小麦胚芽、ピーカン、オリーブオイルを原料とするクラッカーの販売にまで手を広げようとしたのは、それがあらゆるほかの食事の代用品になると期待したからだ。

　フォード・モーターは1913年、最大の技術革新となる移動式組み立てラインを導入した。しかし、この技術が着想された経緯をフォードの食生活を踏まえて知ると、いささ

か皮肉な感じがする。移動式組み立てラインの登場は、まさに時代を変える革命だった。T型フォードの組み立て時間は12時間半から1時間半へ短縮され、高速で大量生産された自動車が大衆に普及した。フォードがそのアイデアを得たのは、近所の食肉包装工場で枝肉の解体作業を見ていたときだったという。

共同体を構想

　フォードは自動車を造っていた。しかし彼は自分自身を、理想の男性（と女性）のつくり手であるとも考えていた。1914年、彼は自社工場の賃金率を業界水準のほぼ倍となる「日給5ドル」に引き上げ、労働時間を他社より1時間短縮したことで有名になった。報酬が上がり、従業員が自社製の車を買えるようになれば、誰もが互恵的な組織に組み込まれる。そのために高い賃金が必要なのだ、とフォードは公に述べた。

　ただ実際のところ、「日給5ドル」の狙いはそれだけではなかったようだ。この宣言を行う以前のフォードは、従業員の欠勤率の高さと人手不足に悩まされていた。機械のように単調な作業を続けることに嫌気がさし、逃げ出す人が多かったのだ。

　昔ながらの家父長的な雇用主にほかならな

農場

ジャングル

セントリーニョ

柑橘類の
プランテーション

タ
パ
ジ
ョ
ス
川

第2居住区

砂利
採取場

フォードランディア

ドック

墓地

採石場

取水口

アメリカ人
居住区

サンジョアン川

第3居住区

ボウ・ダウア川

ジャングル

オールド
キャスベダ
居住区

N

プランテーションのための開墾地（1935年頃）

氾濫地域

0   500ヤード

0   500メートル

かったフォードは、工場の作業場こそ、市民としての幸福や健康、責任感を高める場になると信じていた。その厳格さから、従業員には仕事中に私語をしたり、歌ったり、口笛を吹いたりすることを禁じた。

フォードの規律が及ぶのは、工場の敷地内にはとどまらなかった。より高い賃金を得ようと思えば、従業員は工場の外でも模範的な生活を送らなければならなかった。フォード・モーターには監視部門があり、この部門の職員が従業員の自宅を訪問したり、近隣住民に聞き取りを行ったりして、生活態度を調査した。賭け事、喫煙、飲酒をしていないか、家族をないがしろにしていないか、家の片付けを怠っていないかなどを確認した。

公私の境界線がさらに曖昧になったのは、フォードが独自の共同体を構想し、その開発に乗り出したときである。彼は部品の自給率を上げる目的で、ミシガン州アイアンマウンテンに12万6000ヘクタールの森林を購入した。ここはフォードの工業村（モデル村）となり、自動車用の木枠、床板、タイヤ材を作る製材所と工場がその中心に据えられた。

フォードランディア

しかしフォードは、自動車の完成に必要なあらゆる資源を所有し、運用し、統合することだけでは満足しなかった。1927年、ディアボーンに巨大なリバールージュ工業団地を開設したその同じ年に、彼はブラジルを流れるアマゾン川の支流、タパジョス川の岸辺の土地を手に入れた。100万ヘクタールの広さを持つこの土地で、タイヤ、バルブ、ホース用のゴム資源を確保しようとしたのだ。

当時、世界に供給される天然ゴムの3分の2は、イギリス領であるセイロン（スリランカ）とマラヤのプランテーションで生産されていた。しかし新たな貿易規制が行われれば、ア

メリカに売られるゴムの価格が高騰し、出費が年間数千万ドルも増える可能性があった。

そこでヘンリー・フォードが出した結論は、ブラジルにアメリカ中西部風の町を築くこと、そこでゴムの栽培を自ら行うということだった。進歩の道しるべとなる町、フォードの考える資本主義のあり方とその道徳的発展性を示すような町を造ろうとした。

やがて完成した町は、フォードランディアと名づけられた。快適だが平凡なアメリカの小都市そっくりに、フォードランディアには、近代的な配管設備のあるこぎれいな平家住宅、赤い消火栓が整然と並ぶ歩道、学校、店舗、製材所、給水塔、病院、テニスコート、ゴルフコースなどが建設された。

だが、これは初めから無理のある計画だった。現地の条件はゴムの木の栽培にほとんど適しておらず、毛虫などの害虫や、葉枯病（はがれびょう）も蔓延（まんえん）していたからだ。アルコールを禁じ、

オートミール、桃の缶詰、玄米の食事を強要しようとするフォード主義者たちにも、地元の労働者は不満を募らせた。

その不満は従業員食堂のメニューが変更されたことで爆発し、本格的な暴動に発展した。マラリア、黄熱病、性感染症も流行した。共同体は崩壊し、1945年、フォードの孫であるヘンリー・フォード2世が土地の処分を決めた。最終的には24万4200ドル（日本円で約2600万円）でブラジル政府に売却したが、フォード・モーターはその時点までに2000万ドル（日本円で約21億円）近くを投資しており、あまりにも大きな損失となった。

現在のフォードランディアの大部分は、雑草に覆われて自然に還り、フォードの故郷であるアメリカ中西部やミシガン州の廃墟とよく似た姿になった。リバールージュなどの工業団地と違うのは、それが熱帯雨林の中に侘（わび）しくたたずんでいるということだ。

寂れたフォードランディアの中心部に、2軒のゴムの廃工場が向かい合って立っている。

ギブソントン

アメリカ

フロリダ州

かつてフロリダ州のギブソントンに、とあるキャンプ場があった。
人口600人ほどのこの地に、何千人ものショー関係者が訪れ、
個性的な街として知られるようになった。

アメリカでは1920年代から、州間高速道路に正式な番号が付されるようになった。T型フォードが大量生産され、自動車を所有するアメリカ人が何百万人にも増えた結果、必要になったのは道路整備だった。フォード主義者たちは、未舗装の長い道路を効率よく工事し、滑らかなターマック舗装の道路へ変えていった。

国内の道路網は急速に発展したが、当初はまったく整理されていない状態だった。主要な幹線道路の名前や、その走行に必要な標識は、地域ごと、州ごと、郡ごと、そして場合によってはマイルごとに異なっていた。そこで連邦政府が介入し、全体をきちんと統一することになった。共通の標識を使用するよう指示し、各幹線道路に番号を与えた。東西を結ぶ路線には偶数、南北を結ぶ路線には奇数が割り振られた。

ハイウェイ41号線は、アメリカを縦断する路線として最初に整備されたものの1つだ。この道路は全長で3200キロあり、経路を変更されたり、短縮されたりしながら、今なお現役で使われている。スペリオル湖に突き出たミシガン州のアッパー半島から、エバーグレーズ、そしてマイアミまで南北に延びている。したがって、今も昔もこの道路を走ると、

ミシガン州、イリノイ州、ウィスコンシン州、インディアナ州、ケンタッキー州、テネシー州、ジョージア州を通過し、陽光あふれるフロリダ州に達するというわけだ。

寒さが厳しい中西部に住む人々は（特にミシガンはミネソタに次ぐ寒い地域だ）、冬になるとハイウェイ41号線を利用し、暖かい場所へ避難する。こうして毎年決まった時期に移動する人々を、最近では「スノーバード」と呼ぶ。南へ向かう最新型SUVの車列は、上空に現れるツバメ同様に、季節の移り変わりを告げるはっきりした目安になっている。

ショー関係者のキャンプ場

しかしスノーバードが登場する何十年も前から、この道路はアメリカのショービジネスやカーニバルの関係者に頻繁に利用されていた。移動遊園地の運営者、サーカスの出演者、大道芸人などが、国内を巡業するために使っていたのである。硬く舗装されたハイウェイ41号線は、彼らの主要道路であり、生活様式の一部でもあった。夏が終わりに近づき、テントに集まる観客が減ると、ほとんどのショー関係者は「冬眠」の準備を始める。寒い冬をひっそりと過ごすため、どこか身を落ち着ける場所を探すのだ。

1930年代のある時期、人々の間でこんな噂が広まった。フロリダ州タンパから20キロのギブソントンという場所に、理想的なキャンプ場が存在するという。キャンプ場の近くにはアラフィア川が流れており、オークやキャベツヤシが生い茂る土手や、たくさんの魚が生息する水辺があった。オーナーは大道芸人のトマイニ夫妻で、2人はその身長差から「世界一奇妙な夫婦」とうたわれていた。身長1メートル75センチの妻「リトル・ジーニー」に対し、夫の「ビッグ・アル」は2メートル40センチもあったそうだ。

夫妻は、タンパ出身の「ファット・レディ」ことルース・ポンティコから話を聞いて、ギブソントンの存在を知った。当時この場所の人口は600人を少し超える程度で、ほとんどは漁師か、近隣の製材所の従業員だった。何度か冬を過ごしてみてギブソントンを気に入ったトマイニ夫妻は、川沿いに1.4ヘクタールの土地を購入した。そこはキャンプ場として整備され、「ジャイアント・フィッシング・キャンプ」と名づけられた。ハイウェイ41号線を降りて最初に左折した場所を夫妻が選んだのは、人間が左に進路をとりやすいことを、ホールに入ってくる客を観察して知っていたからかもしれない。

こうしてギブソントン（のちに「ギブタウン」と改名）には何千人もの人が集まった。やってくるのは釣り客よりもサーカスの演者が多く、彼らはここで生活しながら仲間との絆を育んだ。ビッグ・アルはオーナーとして、また地元の警察官兼消防署長として活動し、有名な結合双生児のヒルトン姉妹は果物屋台を経営した。

多種多様な住民から寄せられるニーズに応えるうち、ギブソントンはかなり個性的な町になった。たとえば、珍しい動物を飼って調教したり、移動遊園地の設備を前庭で保管したりすることが、特別な都市計画法によって認められていた。活動する演者の数が減った今でも、そうした土地のしきたりは変わっていない。

1970年代に衰退

現在のギブタウンにはガソリンスタンド、図書館、スーパーマーケットができ、その外観の大部分は平凡なアメリカの町に近づいた。壮大な移動遊園地の名残をとどめるのは、あちこちに放置された派手な色のトレーラーハウスや、アトラクションの錆びた部品の山だけだ。

ライオンの調教師、髭女、火食い術師、入れ墨だらけの怪力男、小人症のアクロバット芸人がいた時代は、もはや遠い過去になった。それも当然と言えば当然だろう。こうした見せ物興行は、1970年代に入ると急速に衰退していった。それでもギブソントンには昔と変わらず、国際独立ショーマン協会の本部が置かれている。町のレストラン兼ラウンジバーでは、かつてこの場所を盛り上げたショー関係者を偲んで、折々にグラスが掲げられている。

「ショータウン・レストラン・アンド・ラウンジ・バー」の古びた店構え（上）。ギブソントンにある国際独立ショーマン協会の本部には、サーカスにゆかりのある品々が展示されている（下）。

ノヴァ・フタ

ポーランド

クラクフ

ノヴァ・フタは、共産主義の理想を体現する都市として設計された。
だがその思惑は長続きせず、それどころか
逆に反体制派の活動が活発な場所となっていた。

　メソポタミアにエリドゥ（現在のテル・アブ・シャハライン）が誕生した頃、つまり少なくとも紀元前5400年頃から、人間は都市で暮らし続けている。完璧な都市、創造性の極致とも言えるような都市を築くことは、人間の古くからの夢だった。古代ギリシャのヒッポダモスは、アテネの港湾都市ピレウスを設計し、道路を規則的な格子状に配置した。同様の古典的な都市計画は、ルネサンス期のイタリアでも見られた。この時代には、厳密な計画に基づいて都市を建設することが、住民生活の物理的かつ道徳的な改善につながると考えられていた。

　1593年、ベネチア人はオスマン・トルコからの攻撃に備え、イタリア北東部の僻地にパルマノーバという要塞都市を築いた。広場を中心に、全体を9角形の星形に造るという案は、ベネチアで最も優秀な建築家や工兵たちによるものだった。規律と理性を重んじる彼らは、訓練された小隊のごとく秩序だった都市を理想としながら、同時に「より大きな社会」を最高の形で表現しようとした。聖職者、商人、職人といった区別はあるものの、すべての人々が市民生活や経済生活に参加できるような、温かい都市をめざした。ところが残念なことに、パルマノーバは小ブルジョワたちから好まれなかった。あまりにも完璧かつ厳密に整備された市街が、冷たい印象を与えたのだ。

理想都市

　1940年代末期、ソ連は、ポーランドのクラクフから10キロほど離れた場所に、ノヴァ・フタという新たな町を建設した。この町はヨシフ・スターリンと親ソ的なポーランド政府にとって、また主任建築家のタデウシュ・プタシツキにとっての理想都市となるはずだった。しかしあいにく、計画に着手する前にパルマノーバの歴史を学んだ関係者は誰ひとりいなかったようだ。ある評論家が述べている通り、ノヴァ・フタは奇妙な矛盾に満ちており、現実の場所というよりはSF小説のディストピアのように見える。町の様子は、「オーウェル的な」と形容されることも少なくない。

　ノヴァ・フタには2つの役割が期待された。1つはソ連の見本的な町となること、もう1つは、隣町のクラクフをイデオロギーと建築の両面で貶める（おとし）ことだった。クラクフは国際色豊かで、中世の建物が残る裕福な町だった。一方で、ノヴァ・フタという名前は「新たな製鉄所」を意味する。つまり、ソ連側はクラ

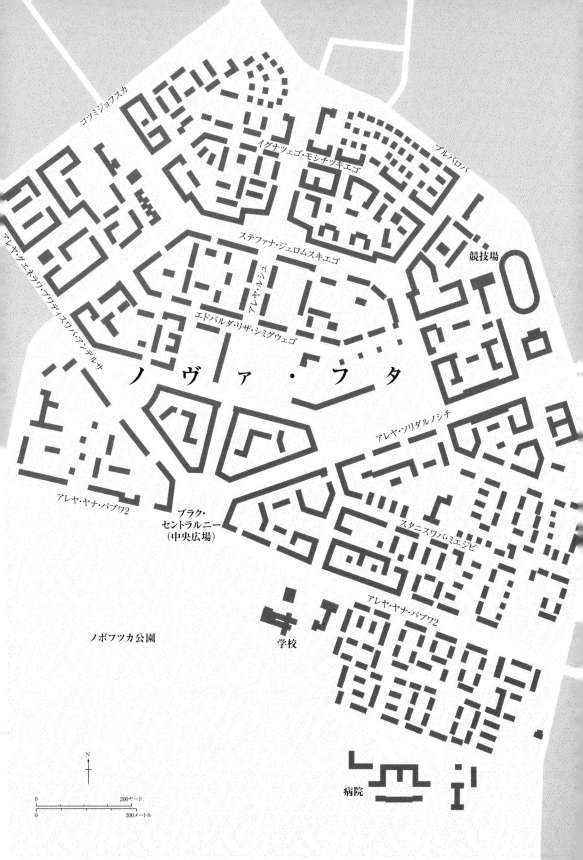

ゴツミジョフスカ

イグナツェゴ・モシチツキエゴ

ブルバロバ

ステファナ・ジェロムスキエゴ

競技場

アレヤ・グエネラク・フクティスカパ・アンデルサ

アレヤ・ルジュ

エドバルダ・リザ・シミグウェゴ

ノヴァ・フタ

アレヤ・ソリダルノシチ

アレヤ・ヤナ・パブワ2

プラク・
セントラルニー
（中央広場）

スタニスワバ・ミエジビ

アレヤ・ヤナ・パブワ2

ノボフツカ公園

学校

N

0　　　　　　　　200ヤード

0　　　　　　　　200メートル

病院

クフのすぐそばに製鉄所を建てることで、自己意識をもった労働者階級のコミュニティを強引に根づかせようとしたのだ。この大規模計画の中心は、のちに共産主義ポーランド最大の製鉄所となるウラジーミル・レーニン製鉄所だった。周囲の広い範囲には鉄鉱石も石炭も存在しなかったため、鉄鋼の原料はほぼすべてソ連圏から輸入する必要があったが、それは些細な手間でしかなかった。

ノヴァ・フタの建設にあたって、ポーランド全土から何千人という労働者が集められた。そのひとりひとりに光り輝く新築の団地が与えられることになっていたため、彼らは自身の「明るい未来」をめざして工事を手伝った。東部国境地帯の貧しい農村からやってきた人々からすれば、そうした新築の住宅は、田舎の家よりはるかに見栄えがするものだったに違いない。

反体制派を育てる巣箱

1947年5月に計画が承認されると、工事は猛スピードで進み、1949年の夏に最初の団地が完成した。ルネサンスの様式をかなり意図的に盛り込んだ設計案のもと、町全体は、燦々と照りつける太陽のような形に整えられた。中央に広場が設けられ、そこから大通りが放射状に伸びるように配置されたのだ。

1973年に建設されてから1989年に破壊されるまで、町の北端にはウラジーミル・レーニンの銅像が立っていた。ロシア革命の父であるレーニンの像は、当時ソ連の至るところに存在し、高所から見下ろすような格好で町全体ににらみをきかせていた。しかしその威光も後年には衰えたようで、各地のレーニン像は次々と破壊されていった。

レーニン個人の反宗教主義と、ソ連のイデオロギー的正統性に従い、ノヴァ・フタは「神のいない町」と定められた。そのため周辺からは、教会や礼拝の場所、信仰の象徴となるものが一切排除された。この問題は大きな論争を引き起こし、有志によって町に十字架が建てられたときには、市民と当局とが激しく衝突した。従順な働きバチを育てるための完璧な巣箱となるはずだったノヴァ・フタは、結局のところ、反体制派を育てる巣箱にしかならなかったようだ。1980年代には、地元住民と製鉄所の労働者が先頭に立ち、反ソ「連帯」運動を繰り広げた。言論の自由を求める彼らの活動やストライキにより、結果的に共産主義体制の終焉は早まることになった。

プタシツキの構想はほぼ実現されないまま終わった。とはいえノヴァ・フタの例は、計画と意志と手段のもとに何が行われる可能性があるかということを、はっきりと示している。そうした押しつけが完全に人道的な行為と言えるのかどうかは、今後も議論の的となるだろう。町としてのノヴァ・フタの形状には目を奪われるし、称賛の念も覚える。しかしそれが権威主義の遺物なのだと考えると、やはりどこか心が寒くなるものだ。

上の写真はノヴァ・フタの主要広場であるプラク・セントラルニー（中央広場）。元々はヨシフ・スターリンを称える広場だったが、ロナルド・レーガン広場という名前に短期間変えられていた時代もある。下の写真は市民劇場だ。

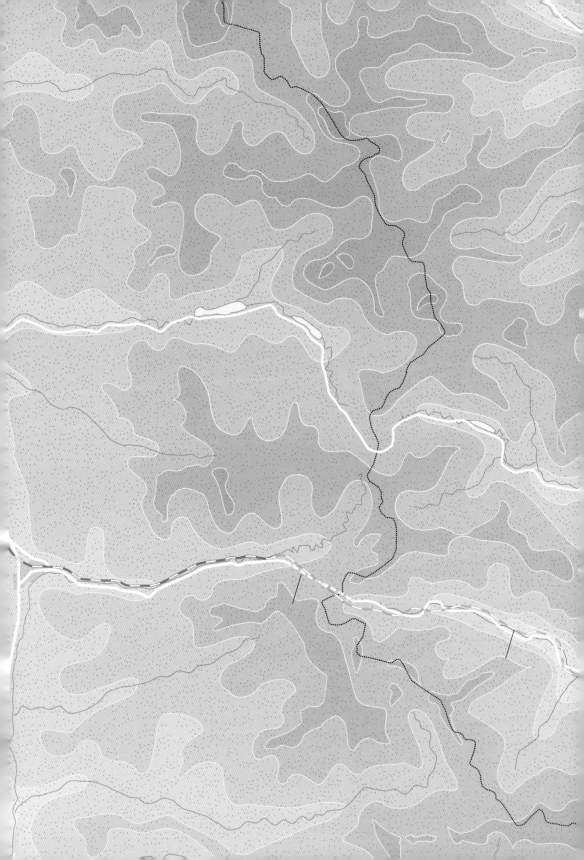

無計画につくられた場所

HAPHAZARD
DESTINATIONS

北緯40度12分26.5秒
東経50度45分57.6秒

ネフト・ダシュラリ

アゼルバイジャン
カスピ海

海底油田を掘削するために洋上に建造された2000基もの
石油プラットフォームと、その間をつなぐ350キロにわたる道路。
ここが最盛期には5000人の人口を抱える町となった。

　火と水は、ゾロアスター教における清浄さの究極のシンボルだ。ゾロアスター教は古代イラン（ペルシャ）を発祥とする信仰で、現存する世界最古の宗教の1つでもある。この宗教にとって、火は神の光であり、その光に照らされた魂の象徴だった。火はあらゆるゾロアスター教の儀式で重要な役割を果たし（それは現在も同じだ）、「永遠の火」を祀った拝火神殿が、ペルシャ帝国の発展とともにその数を増やした。

　ペルシャ帝国は紀元前480年頃に最盛期を迎え、西はエジプトおよびマケドニアから、東は現在のアフガニスタンおよびパキスタンまで支配地域を拡大した。その広大な領土の中には、現在のアゼルバイジャンに相当する地域も含まれていた。コーカサス山脈の真下に位置し、カスピ海に面したこの場所では、可燃性の高い石油が地下から自然に湧き出ていた。この石油が神殿の火の燃料になったことから、アゼルバイジャンはペルシャ人の間で「聖なる火の国」と呼ばれた。

　紀元651年頃、ペルシャ帝国はイスラム教徒によって征服された。同時にゾロアスター教はペルシャ人の主要な信仰としての役目を終える。その後、アゼルバイジャンは19世紀にロシアの統治下に入った。

黒い黄金

　そして1878年、ゾロアスターという名前が再び脚光を浴びる日がやってきた。武器と石油の商人をしていたスウェーデン系ロシア移民、ロバート・ノーベルとルートヴィヒ・ノーベルの兄弟が、彼らの開発した世界初のオイルタンカーに「ゾロアスター号」と名づけたのだ。この船はアゼルバイジャンの首都バクー近郊の製油所を出発し、カスピ海を渡り、ヴォルガ川をさかのぼって、ロシアとその先の国々へ「黒い黄金」を運搬した。ゾロアスター号は石油輸送に革命をもたらした。バクーは石油の生産と輸出の主要拠点となり、1900年までに、世界の総生産量の半分に当たる石油を供給するようになった。

　第二次世界大戦の終結後、ソ連は、壊滅的な打撃を受けた東欧圏の再建に取り組まなければならなくなった。そこで技術者たちは石油の生産量を最大限に増やすべく、バクーから東に70キロほど離れた、カスピ海の沖合に浮かぶ岩礁で採掘を開始した。

　1949年11月7日、技術者たちは海底下1000メートルを超える深い場所で、不純物のない原油を掘り当てた。海上には急遽石油プラットフォームが設置されたが、そこからさらに

採掘を進めても、石油はとどまることなく湧き出てきた。かつて何もなかった海上には、まもなく石油プラットフォームがずらりと立ち並んだ。この開発事業には、どこか行き当たりばったりな面もあった。たとえば、プラットフォームの土台として使われていたのは、あのゾロアスター号を含む7隻の難破船の残骸だった。

石油岩礁

やがてプラットフォームは2000基以上に増え、鉄と木材でできた道路橋でそれぞれが連結された。道路網は約350キロにわたって複雑に広がり、その上を大量のトラックが轟音を立てて行き交った。団地、工場、商店、映画館、公園、サッカー場なども、海を見下ろすように建てられた。この広大な海上都市はネフト・ダシュラリ（石油岩礁）と名づけられ、最盛期には約5000人の人口を抱えるまでになった。

天然の島々の住民がそうであるように、ネフト・ダシュラリに暮らす人々も、この沖合の人工島に強い愛着を持っていた。自然の力に対して脆弱で、本土まで船で12時間もかかるという立地条件が、かえって住民の連帯感を高めたのだ。

ベルリンの壁が崩壊し、次いでソ連が崩壊すると、ネフト・ダシュラリの運命は急速に傾いていった。石油価格が世界市場に翻弄され、新たな油田が石油投機家に有利な材料を提供するようになったためだ。

ネフト・ダシュラリは今なお生産性の高い油田だが、その大部分はただの岩礁と化している。かつて緻密に張り巡らされていた道路橋も、現在使用可能な部分は45キロしかない。残りは錆びついて撤去されたか、風や波に流されてしまったかのどちらかだ。

ネフト・ダシュラリの石油の可採年数は、あと20年以上あると見込まれている。この予測に従えば、現地をホテルに改装するという現実味のない計画だけが——長年検討されてはいるものの、いまだ実現される気配はない——、残りの設備を風や波から守る手立てとなりそうだ。

見渡す限りに広がるネフト・ダシュラリの「市街」。
約2500人の労働者がここで暮らしている。

マンシェット・ナセル

エジプト

カイロ

通称「ごみの町」。主にコプト系キリスト教であるこの町の住民は、
大都市カイロから持ち込まれる大量のごみの山から
再生利用できる資源を探し、生計を立てている。

カイロ郊外、モカッタムの丘の麓に、マンシェット・ナセルというスラムの集落がある。隣接する地域は「死者の町」と呼ばれているが、このマンシェット・ナセルは通称「ごみの町」として知られる。

こうした地名は、それぞれの場所の特徴をよく表している。「死者の町」は正確には町ではないし、死者がそこで暮らしているわけでもない。だが、ここが墓地であること、少なくとも以前までそうだったことは確かだ。最近になって、この辺境の墓地には集落が築かれ、定住が始まった。住民はカイロから経済的に締め出された人々で、もちろんみな「生者」である。

ごみの町

同様にマンシェット・ナセルも、ごみが散乱する市街の様子から、「ごみの町」と名づけられた。この地域に電気は通っていない。水の供給は不安定で、衛生状態が悪く、排水設備も不十分だ。団地、商店、飲食店といった建物のほとんどは、未完成のまま立っているか、あるいは倒壊してしまっている。

そんなマンシェット・ナセルにおいて、ごみは重要な生活資源だ。倉庫、空き地、路地、玄関先など、あらゆる空間には生ごみの袋が

置かれ、住民はそのごみの中から再利用可能なものを選り分けている。マンシェット・ナセルには、カイロで出るごみの半分が、大型トラック、自動車、軽馬車、ロバ荷車、ラクダ、人力などの手段で持ち込まれる。本書の執筆時点で、エジプトの首都カイロの人口は約950万人に達する。この大都市で排出されるごみがどれほど大量になるかは、想像に難くない。

マンシェット・ナセルに届けられるごみの約85パーセントは、再利用され、商品として販売される。この作業を請け負うのが、住民の大多数を占めるザッバリーン（ごみ収集人）たちだ。ごみのおかげで一定の収入を得られるとはいえ、その暮らしは過酷である。住民にとっての脅威は、長年続く環境汚染やネズミの被害ばかりではない。ザッバリーンの約90パーセントを占めるコプト系キリスト教徒が、宗教的少数派として差別を受けていることもその1つだ。

豚インフルエンザ

そもそも、彼らはなぜごみを集めて生計を立てるようになったのか。その理由には歴史的な経緯が絡んでいる。主にイスラム教徒で構成されるエジプトにおいて、数少ない選択

肢の中からごみ集めを仕事に選ぶ人は、昔からけっして珍しくはなかった。ただし、マンシェット・ナセルに暮らすザッバリーンの多くは、元々は小作農をしていたようである。1930年代から1940年代にかけて不作の年が続くと、この農民たちは上エジプトからカイロへ移り、郊外で畜産に励んだ。家畜の多くは豚だったが、豚はコーランにおいて不浄の動物とされ、その消費がはっきりと禁じられている。

2009年、H1N1型ウイルス（豚インフルエンザ）の世界的流行への懸念が高まると、エジプト政府はカイロ市内の豚を一斉処分するよう指示した。当時、豚のほとんどはマンシェット・ナセルで飼われていた。少数派コプト教徒に不公平な負担を押しつけようとする当局に対し、現地の住民は激しく怒り、暴動を起こした。だがその甲斐なく、養豚を続けられる見込みが低くなると、住民はもっと安定した仕事を探さなければならなくなった。そうして選んだのが、ごみ収集だったというわけだ。

以来、マンシェット・ナセルの住民は十字架を背負わされたまま生きている。町に残された唯一の反抗のシンボルは、聖サイモン・ザ・ターナーの洞窟教会だ。モカッタムの丘の斜面に立つこの教会は、説教壇を中心にした円形劇場のような形に造られている。収容人数2万人を誇る、中東最大の教会だ。こうした巨大な教会がスラム化した風景のすぐそばに存在するという事実は、信仰の強い力を私たちに教えている。

推定で5.5平方キロの面積を有するマンシェット・ナセルは、6万人近い人口を抱えている。

南緯47度47分50.2秒
西経73度32分0.3秒

カレタ・トルテル

チリ

カピタン・プラット県

Wi-Fiはなく、電話回線も1本しか引かれていない。
舗装された道路もない。地元に自生するイトスギを頼りに、
500人の住民がパタゴニア沿岸部の村に暮らしている。

　樹脂の芳香を漂わせる常緑針葉樹のイトスギは、古代ペルシャ人にとって生命の象徴だった。仏教徒の間では昔から神聖な植物と見なされ、仏塔や寺院のそばでよく育てられている。ただし多くの文化において、イトスギと最も深く結びついているのは、死者への哀悼心だ。その結びつきは、古代ギリシャ人と、彼らの神話の中で語られたキュパリッソスの不幸な顛末に由来する。

　テーレポスの息子で、ケオース島で一番の美少年であったキュパリッソスは、アポロンの寵愛を受け、自らも神聖な雄鹿をペットのように可愛がっていた。あるとき、森の中でこの鹿と戯れていたキュパリッソスは、誤って弓を引いて（槍を投げたともいう）鹿を傷つけ、死なせてしまった。キュパリッソスは悲しみに打ちひしがれた。自分も死んでしまいたいと願いながら、干からびて抜け殻になるまで泣き続けた。かつての美少年の惨めな姿を見かねたアポロンは、キュパリッソスを木に——イトスギの木に変えた。

　軽量で扱いやすく、極めて丈夫なイトスギは、やがてその耐久性の良さから棺の材料に使われるようになる。腐敗しにくい棺は死者の復活の可能性を高めるという考えが、多様な地域や宗教で広まったためだ。

非現実的な村

　チリ南部パタゴニアの沿岸部、ベイカー川の河口域に、2つの氷原に挟まれた村がある。太平洋の入り江に面したこの村は、陸地の果てであり、大げさに言えば、生と死の狭間のような場所でもある。村の名前をカレタ・トルテルという。このチリの僻地は、地質的にも陸と海、氷と水の中間にある。

　現地を流れるベイカー川は、イギリス海軍司令官のサー・トマス・ベイカーにちなんで名づけられた。チャールズ・ダーウィンがビーグル号の2度目の航海に参加したとき、南太平洋基地の責任者を務めていたのがこのベイカーだ。チリ最大の川であるベイカー川は、川床と土手に堆積した鉱床によって、水の色がターコイズブルーに染まることで知られる。一帯で見られる地形は、フィヨルド、入り江、島、それだけだ。気候的には湿気が多く、年間を通して、霧と冷たい雨に見舞われる。

　この地域には、イトスギの木が豊富に生えるという特色もある。地元のイトスギを有効活用しようという目的のもと、チリ海軍によって1955年に建設されたカレタ・トルテルは、結果としてほとんどが木材でできた、非

太平洋

チョノス諸島

プエルト・アイセン
プエルト・チャカブコ

タイタオ
半島

リ

ニ

ヘネラル・カレーラ湖

北パタゴニア
氷原

ペナス湾

コクラン湖

コクラン

ベイカー川

カレタ・トルテル

プエルト・ユンガイ

ナンセン湖

メシエ・ストレイト

バスクア川

ア

ル

ゼ

ン

チ

ン

ウェリントン
諸島

ビラ・オイギンス

南パタゴニア
氷原

オイギンス湖

0   30マイル
0   40キロ

N

現実的な村になった。人口は500人を少し上回る程度で、漁業、観光業、そして林業が、この小さな沿岸集落の生活を支えている。村にはカトリック系とペンテコステ系の2つの教会のほか、小学校もある。子どもたちは中学生になると、引き続き教育を受けるためにコクラン——カレタ・トルテルからバスで3時間の距離にある人口2000人以上の村——で下宿生活を送る。

チリのベネチア

カレタ・トルテルに暮らす人々は、誰もがイトスギと無縁ではいられない。この村の高床式住宅、床下の支柱、家々を結ぶ通路は、すべてイトスギでできており、いかにも危なっかしい見た目をしている。舗装された道路は存在しない。2003年になってようやく、村の端からアウストラル街道へ続く23キロの砂利道が完成したが、車が通行できるのはその道だけだ。

つぎはぎだらけの風変わりな木造小屋に、硬い急斜面に延びる今にも崩れそうな木道。その独特な魅力を評して、カレタ・トルテルは「チリのベネチア」とも呼ばれる。現時点で村に Wi-Fi はなく、電話回線は1本しか引かれていない。水と電気の供給は、天候やタービンの働きに左右されるとあって、かなり不安定だ。確実なことはほぼ何もない場所——そう言ってもいいかもしれない。しかし、型にはまった生活を送る多くの現代人は、そんなカレタ・トルテルに憩いを見出している。

カレタ・トルテルの村は、湾からそびえる険しい山の斜面に位置している。海岸沿いには木道があり、山の急斜面には木製の階段が連なっている。

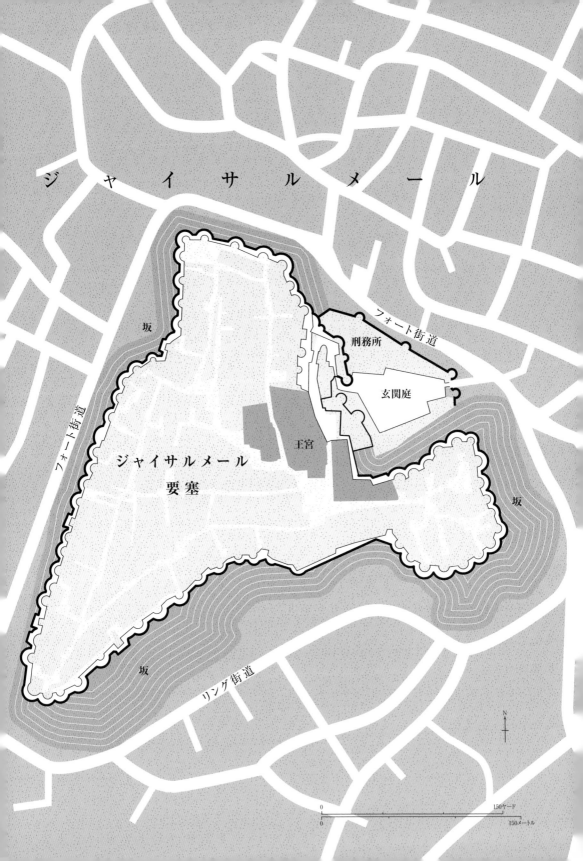

ジャイサルメール

フォート街道

坂

刑務所

フォート街道

玄関庭

王宮

ジャイサルメール
要塞

坂

坂

坂

リング街道

N

| 0 | 150ヤード |
| 0 | 150メートル |

北緯26度54分47.6秒
東経70度54分45.8秒

ジャイサルメール要塞

インド

ラジャスタン州ジャイサルメール

神の予言によって建設されたこの要塞は、
シルクロードの途上にあり、貿易の拠点として繁栄した。
今でも2000人が暮らす、現役の要塞都市である。

　過酷な砂漠、その名も「死者の住処」の中心にある丘の上に、新たな要塞都市を作りなさい——謎の隠者にそう勧められたとき、その助言に素直に従うのは、よほど警戒心の低い人間だけだろう。しかし、インド北西部ラジャスタン州のジャイサルメール要塞は、実際にこうした隠者の言葉がきっかけで建設されたと言われている。ラジャスタン州はパキスタンと国境を接する位置にあり、「砂漠の国」とも呼ばれる。

　インドの叙事詩『マハーバーラタ』で語られた伝説によると、ヒンドゥー教の神クリシュナは、トリクタの丘（3つの頂上を持つ三角形の台地）の上に巨大な城塞が築かれることを予言していた。1156年、この話はエサールという隠者を介して、ラワル・ジャイサルへと伝えられる。戦士や商人の集団であるラージプート族の出身で、強力な統治者だったジャイサルは、神の予言を実現しようと即座に行動を起こした。

最後の「生きた要塞」

　やがて丘の上には巨大な町がそびえ、ジャイサルの名前と、難攻不落の神々の山メルーにちなんで、ジャイサルメールと名づけられた。中心には荘厳な王宮が建てられ、寺院や、豪華な大理石の邸宅がそれを囲むように広がった。こうした邸宅は、要塞王宮に集う政治家や裕福な商人のためのものだった。

　町全体を同心円状に囲む城壁は、ラジャスタン地方特産の砂岩で作られた。赤みを帯びた、濃い黄色の砂岩である。この砂岩の壁の珍しいところは、太陽の位置によってその色を変えていくことだ。日中には明るい黄色からブラッドオレンジへ、夕方にはまばゆい金色へ変化することから、要塞は「ソナー・ケラ（黄金の砦）」の名で知られるようになった。今なお荒涼とした僻地に立ち、太陽に照らし出されるジャイサルメールは、付近からは蜃気楼のように見える。その姿は周囲のタール砂漠からあまりにも浮いており、誰もが自分の目を疑いたくなってしまう。

　ジャイサルメールは、中国からインドを経由して地中海へ続くシルクロードの上に建てられた。そのためラワル・ジャイサルの時代には、貿易の拠点として、また旅人の短期滞在地としても利用されていた。やがて海路が開通し、イギリスの統治下でインドに鉄道が建設されると重要性は低下したが、町そのものは今なお存続している。約2000人の人口を抱える現役の要塞都市は世界でも珍しく、インド最後の「生きた要塞」と呼ばれている。

劣化が加速

　ジャイサルメールが世界的な観光地へと成
長したのは、ベンガルの偉大な映画監督であ
り小説家でもあったサタジット・レイによる
ところが大きい。レイのヤングアダルト向け
人気探偵小説、「フェルダー・シリーズ」の1
作で舞台に使用されたことにより、この要塞
は脚光を浴びたのだ。1974年には本が映画化
され、ヒッチコック風の子ども向け冒険映画
『黄金の砦』として上映されている。ほぼ全

編がロケ撮影された『黄金の砦』は、レイに
とって最も商業的に成功した映画の1つと
なった。ジャイサルメール要塞に東インドか
らの観光客がとりわけ多いのは、この映画や
フェルダー・シリーズで育ったベンガル人の
間で、ここが不朽の場所として記憶されてい
るためだ。

　略奪、侵略、複数の王朝の盛衰、幾度もの
地震（直近では2001年）を乗り越えてきた
ジャイサルメールだが、その城壁や建物は次
第に崩れやすくなり、特にここ数十年で劣化

が加速した。その原因は、もろい堆積岩でできた要塞の土台に水が染み込んだことだと考えられている。水は、町の老朽化した下水設備からあふれ出たもので、増え続ける汚水の処理に住民は頭を悩ませている。1日に22万5000リットルに達する汚水の大半を排出しているのは、増大する観光客の需要に応えようとする地元のホテルやレストランだ。ジャイサルメールを次の800年間も守るため、地域ではさまざまな保全計画や予防策が講じられている。

タール砂漠を見下ろすように、丘の上にそびえるジャイサルメール。今でも人が住み続けている要塞都市は、世界でも珍しい。

北緯44度20分33.4秒
西経75度55分29.4秒

ジャスト・ルーム・イナフ島

アメリカ

ニューヨーク、セントローレンス川

ドレッシング「サウザンドアイランド」の語源となった
サウザンド諸島は、避暑地として多くの別荘が建てられている。
島のサイズにぴったり合う家もある。

アメリカには、「サウザンドアイランド」というサラダ用のドレッシングがある。おもにマヨネーズ、トマトケチャップ、ピクルス、ハーブなどを混ぜて作る調味料だ。国や地域によってさまざまな名前で知られるドレッシングだが——英語の直訳で呼ばれることもある——、元々の名前の由来となったのはサウザンド諸島という実在の場所だ。サウザンド諸島は、アメリカのニューヨーク州とカナダの国境を流れるセントローレンス川に位置し、実際に1864の島々で構成されている。

サウザンド諸島はニューヨーク北部、マンハッタンから北にわずか600キロほどの場所にある。そのため20世紀に入ると、この島々は隠れ家的な避暑地として、アメリカの金ピカ時代を築いた大富豪や実業家に人気を博した。鉄道界の大物ジョージ・プルマンも、朝食用シリアルで有名なケロッグ家も、ウォルドーフ・アストリア・ホテルの経営者だったジョージ・ボルトも、みながここに土地を所有した。

とりわけボルトはこの場所を非常に気に入り、ウェルズリー島とハート島にそれぞれ1つずつ別荘を構えた。ハート島には、莫大な費用をかけて、妻へ捧げる大邸宅を築いた。ドイツ西部、ラインラント地方の城を模した

その邸宅には、細部にわたってハートのモチーフが施された。ところが、不幸にもボルト夫人は1904年に亡くなり、建設は途中で打ち切りとなった。ボルト自身も二度と島を訪れることはなかった。

ボルト夫妻

一説によれば、サウザンドアイランド・ドレッシングが考案され、のちに普及した経緯には、このボルト夫妻が関わっているという。ある晴れた朝、夫妻は蒸気ヨットに乗り込み、セントローレンス海路のクルージングに出かけた。昼食時間が近づくと、ボルトの担当シェフは困ったことに気づく。船内の調理場には、夫妻のサラダに必要なドレッシングの材料が不足していたのだ（当時は野菜を生で食べることが流行していた）。

そこでシェフは手元にある調味料を混ぜ合わせ、角切りにしたゆで卵を加えて、即席のドレッシングを用意した。マヨネーズをベースにしたこのドレッシングはボルトを喜ばせ、ウォルドーフ・アストリアのメニューに「サウザンドアイランド・ドレッシング」として登場した。そしていつしか、世界中のサラダを席巻するようになったのである。

このドレッシングについてはほかにも諸説

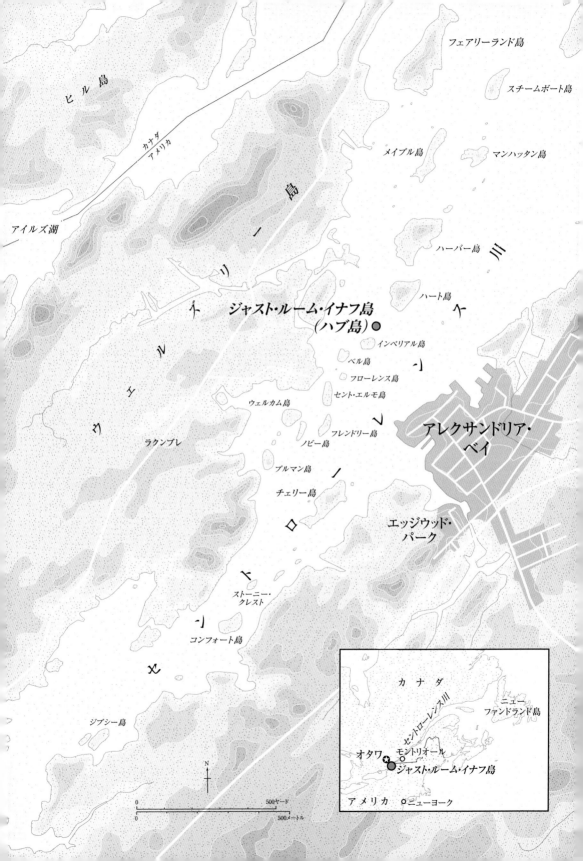

あるため、本当の起源は定かではない。ただ、いずれにせよサウザンドアイランド・ドレッシングは、今や野菜好きの大富豪だけのものではなくなった。

同様にサウザンド諸島も、高級リゾート地としての地位をハンプトン、ケープコッド、パームビーチに明け渡し、庶民を受け入れるようになった。それでも、ここはまだかなり閉鎖的な場所であり、島のほとんどは個人所有となっている。中には、同じ家族によって1世紀以上前に購入され、そのまま管理されている島もある。

人が占有する世界最小の島

サウザンド諸島にはとても分かりやすい魅力がある。誰もが自分の島を持ちたくなる、そんな条件が揃っているのだ。素晴らしい景色、センスの良い建物群、理想的な立地や環境。気候は穏やかで、川では魚が釣れ、船に乗れば本土にすぐ戻ることができる。暖かい時期に週末や数週間を過ごすためのリゾートとして、これ以上の場所はほかに存在しないだろう。

1950年、アレクサンダー湾に浮かぶハブ島を目にしたサイズランド家も、そうした島の魅力にすっかり夢中になった。面積およそ300平方メートルのハブ島は、サウザンド諸島でも有数の小さな島である。幸いにして、その大きさはアメリカの現代住宅とほぼ同じだったため、サイズランド家は島の「サイズ」にぴったり合う家を建てた。1軒の別荘のほかには、1本の木を植え、プライバシーを守るための柵を設けた。かろうじてそれだけの広さはあったが、そこまでが限界だった。

住宅が完成すると、サイズランド家の人々はこの不動産に「ジャスト・ルーム・イナフ（ぎりぎりの空間）」という名をつけた。彼らは最も近隣のハート島を川の向こうに見つめ、そこに残されたボルト城を見つめながら、ぜいたくな先人に思いを馳せ、自分たちの良識や謙虚さをひたすらかみしめていたのかもしれない。

そんなボルト家の住宅も、サイズランド家の住宅も、今日はともに世間の注目を集める存在となった。ボルト城は現在、サウザンド諸島連絡橋公団の管理下に置かれ、観光名所として運営されている。結果としてジャスト・ルーム・イナフ島の知名度も高まり、サイズランド家の小さな王国とその絶景が観光地図で紹介されるようになった。現時点でジャスト・ルーム・イナフ島は、人に占有されている世界最小の島だと考えられている。

ハブ島の上に立つ、いかにも不安定なサイズランド家の住宅。水辺にはテーブルと数脚の椅子が置かれているが、そこには文字通り「ぎりぎりの空間」しかない。

北緯51度31分15.5秒
西経0度3分6.3秒

シュピーゲルハルター宝飾店

イギリス
東ロンドン

執拗な立ち退き要請を拒んだ宝飾店が、
「庶民にとって不朽の偉業」と呼ばれるようになり、
今では歴史的建造物として大事に保存されている。

　帽子商兼織物商のアリスティド・ブシコーとその妻マルグリットは1838年、パリ左岸でレース、リボン、ボタンなどを販売しつつましやかな商売を始めた。1852年、夫妻は商売の手を広げ、ボン・マルシェ（「お買い得な市場」という意味）を開店する。1796年にロンドンのペル・メル街で開業したハーディング・ハウエル社の「グランド・ファッショナブル・マガジン」をはじめ、同様の商店はその前にもいくつかあったが、正式な百貨店としては世界初であった。すべてを1つの店で揃えられるようにした最初の「グラン・マガサン」であり、あふれんばかりの商品を並べて、客が自分の都合に合わせて買い物をできるようにした。

ボン・マルシェ

　ボン・マルシェは繁盛し、1869年にはパリ7区のセーブル通り24番地へ移転。その3年後には再び店舗の拡張が必要となったため、ブシコーは技師ギュスターブ・エッフェルと建築家ルイ=オーギュスト・ボワローに依頼して改装を行った。

　エミール・ゾラの1883年の小説『ボヌール・デ・ダム百貨店』のモデルにもなったボン・マルシェは、ほかの商品と併せて、裕福なパリ市民向けに手のかかる豪華なオートクチュールの取り扱いを続けている。

　当時は、その商売のやり方がロンドンでもたびたび模倣された。1876年、根っからのギャンブラーだったジェームズ・スミスは、ニューマーケットの競馬で稼いだ賞金を小売業に注ぎ込むことにした。南ロンドンのブリクストン・ロードにある同系統の店の近くに百貨店を開いたのだが、彼はその店名にボン・マルシェという名前をつけたのだ。この商法がアメリカにも伝わると、2年後にはメイシーズがニューヨークに第1号店を開店。謳い文句は「6番街の大市場：ほぼ何でも買える場所」だった。

　1880年代にもなると、ハロッズ、ハーベイ・ニコルズ、リバティといった今日馴染みのある企業がロンドンで百貨店の営業を始めている。だが、アメリカ、ウィスコンシン州出身の小売商ハリー・ゴードン・セルフリッジが1909年、オックスフォード・ストリートの西端に百貨店を開くと、ロンドン市民はその豪華な店構えに心を奪われた。ボザール様式の豪勢な建物、何百もある売り場、屋上庭園、レストランにリーディングルーム。各フロアには、洗練された接客術を巧みに操る知識豊富な店員を揃えた。セルフリッジは、無

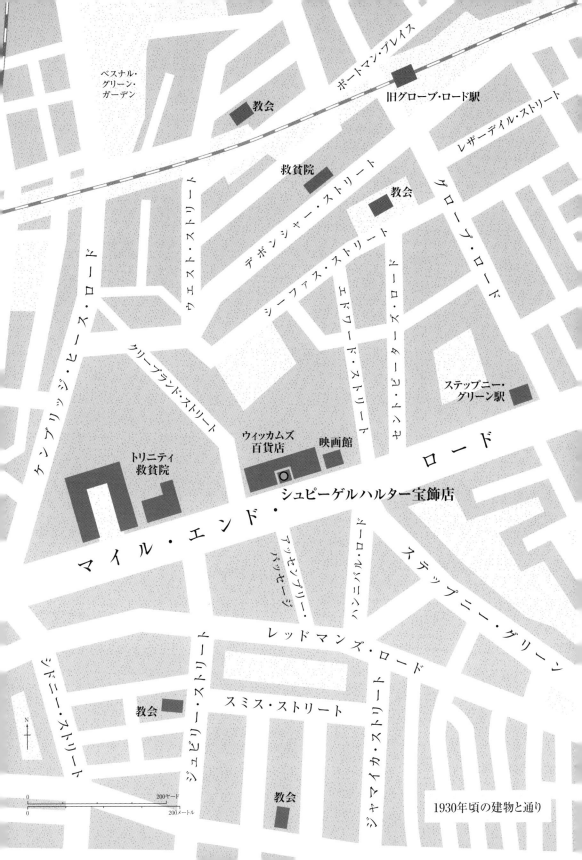

ベスナル・
グリーン・
ガーデン

ポートマン・プレイス

旧グローブ・ロード駅

教会

レザーデイル・ストリート

救貧院

教会

グローブ・ロード

ウェスト・ストリート

デボンシャー・ストリート

シーファス・ストリート

エドワード・ストリート

ハヤ・マーケット・ロード

ケンブリッジ・ヒース・ロード

クリーブランド・ストリート

ステップニー・
グリーン駅

トリニティ
救貧院

ウィッカムズ
百貨店

映画館

ロード

シュピーゲルハルター宝飾店

マイル・エンド・

ハヤ・ハミンス・ロード

ステップニー・グリーン

シドニー・ストリート

ジュビリー・ストリート

ブッセンブリー・
パッセージ

レッドマンズ・ロード

教会

スミス・ストリート

ジャマイカ・ストリート

教会

N

0   200ヤード
0   200メートル

1930年頃の建物と通り

味乾燥とした商取引に古典的な優雅さや新世界の華麗さを混ぜ合わせたのだ。それによって客の心をとろけさせ、幾度となく財布を開かせた。

庶民にとって不朽の偉業

このアメリカ人による果敢な事業展開を、ロンドンの反対側から興味深くうかがう男がいた。ホワイトチャペル地区で布地屋を営むウィッカムという人物だ。彼は「イーストエンドのセルフリッジ百貨店」を作るという目標を立てると、マイル・エンド・ロードの一画に並ぶ店舗の買収に手を付けた。

それから、建築家のトーマス・ジェイ・エバンスを雇い入れた。エバンスには、買収が済んだら、69番地から89番地までの一帯をまるまる使って百貨店を建てる計画であることを伝えた。エバンスが出した設計案は、ボザール様式のセルフリッジ百貨店と同様、古典と近代を合わせた壮大なもので、ドーリス式の柱を並べ、中央にひときわ大きな時計塔を据える計画だった。

地域の絶え間ない発展につながると信じ、百貨店が建つのを待ち望む人々もいた。ただ、1つ厄介なことが起こった。81番地に建つシュピーゲルハルター宝飾店が立ち退きを拒んだのだ。

シュピーゲルハルター宝飾店は、1828年にロンドンに渡ったドイツ移民のオットー・シュピーゲルハルターが創業した同族会社だった。マイル・エンド・ロードでは1880年から商売をしており、1892年に地域内で一度移転をして81番地に落ち着いた。

第一次世界大戦中は、彼らにとって過酷な時期だったようだ。反独感情の高まる中、やむなく姓をイギリス風に変え、ソルターズと名乗ることにした。だが、店はシュピーゲルハルター宝飾店のまま営業を続けていた。そして、ウィッカムがどんな条件を持ってこようと、一族は態度を変えず、店の売却を頑なに拒んだ。

こうして抵抗にあったウィッカムは、残ったその店を囲うように自分の店を建てるほかなかった。エバンスの当初の案に見られた壮大さや調和は、すっかり台無しにされたのだ。建物は1927年に完成したが、中央にそびえるはずだった時計塔が片側に押しやられていた。また、店の正面部分も、シュピーゲルハルターの2階建ての建物に遮られて、壮大にはほど遠い無様なデザインになった。

偉大な建築批評家、イアン・ネアンはこれを「庶民にとって不朽の偉業」だと称えた。かくして頑固な宝飾店は、歴史的建造物として大事にされるようになった。それは窮鼠が猫を噛み、意固地なまでに抵抗を貫いた功績を留めるモニュメントでもあった。

だが、話はそこで終わらない。スーパーマーケットや「スウィンギング・ロンドン」のブティックが出現し、小売業の潮流の変化についていけなくなったウィッカムズ百貨店は、1960年代に営業を停止した。一方のシュピーゲルハルター宝飾店は、それより20年近く持ちこたえ、1982年に店を畳んだ。敷地全体の再開発が差し迫ると、この一風変わった歴史的建造物が永久に失われるかもしれないと、民衆が怒りの声を上げた。その結果、「81」という番地の記された建物の正面部分は、今後も保存されることが約束された。

シュピーゲルハルター宝飾店の古びた正面部分は、それ自体が歴史的建造物となっている。イアン・ネアンはこの光景を「ロンドンでも屈指の視覚的冗談」と書いた。

モネンバシア

ギリシャ
ラコニア

巨大な崖に遮られ、この街は本土から見えない。
ロバや馬がやっと通れるほどの道しかなく、車で入れる場所も
制限されている。そのため、神秘的な姿を今も残している。

エーゲ海

港

ゲフィラ

モネンバシアーネアポリス街道

土手道

モネンバシアークロケオン街道

港

現地の人は、この場所を単にカストロ（城）と呼ぶ。正式な名前はモネンバシアで、翻訳すると「入り口が1つの場所」という意味になる。13世紀半ばに丸3年間この地を包囲したゲルマン民族のフランク人たちは、ここをマルボワジーと呼んだ。また、1800年代の終わりに灯台を建て、この地のワインを好んだイギリス人たちは、マルムジーと呼んだ。

この古代の要塞の町はペロポネソス半島南東の小島にあり、そこへ行くには細い土手道を渡る必要がある。この道沿いから目的地をちらりと見やった旅行客の多くは、「あそこには大したものはないんじゃないか」と訝しむだろう。だが、それも仕方のないことだ。

古代ギリシャの哲学者アリストテレスは、タコには体の色を変えて環境に溶け込み、自らの姿を隠す能力があると『動物誌』に書いている。これは自然界の擬態について考察した最も早期の例だ。モネンバシアもこれと同じようなもので、一見したところはげんこつ型の岩にしか見えず、人の目が欺かれるのである。

アラジンの洞窟のような建物

この巨大なげんこつ型の小島は、4世紀に起こった地震によって本土から切り離された。島の集落は、透き通るエーゲ海から崖を100メートルほど登ったところに、岩肌を豪

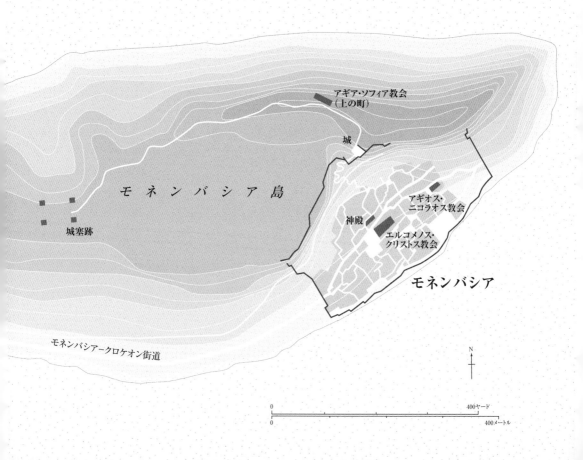

アギア・ソフィア教会
（上の町）

城

モ ネ ン バ シ ア 島

城塞跡

神殿

アギオス・
ニコラオス教会

エルコメノス・
クリストス教会

モネンバシア

モネンバシア―クロケオン街道

N

0　　　　　　　　　　　　400ヤード
0　　　　　　　　　　　　400メートル

快に切り開いて作られている。強い嵐が訪れる時期には、崖下で緑青色の海が怒り狂ったように跳ね回り、打ちつける。モネンバシアでは淡水が不足しているため、エーゲ海のほかの島と比べても、嵐は——少なくとも雨は——とりわけ歓迎される。

土手道の先にある長く湾曲した道を進み、町外れの建物をいくつか通り過ぎると、いかめしい外観の大きな石壁に突き当たる。この壁にくり抜かれたアーチ状の細い通路が町の正面玄関であり、唯一の入り口だ。ロバと乗用馬がやっと通れるくらいの大きさしかなく、よく知らずにやってきた者が先へ進むのを思いとどまらせる役割も果たしている。

だが、この幾分小さすぎる通路を抜けると、その先にはアラジンの洞窟のような建物が展開していく。時空を越えて現れたような町が山の上と下にあり、下の町には12世紀以降、今も人が住み続けている。

ここがメインの町であり、当初作られた要塞や、石畳の街路、教会、修道院、中世の石造家屋が残っている。ほかにも、のちの時代の宗教施設——16世紀以降のオスマン帝国支配下時代に作られたモスクなど——や、19世紀に商人が作った、錬鉄製のバルコニーのある瀟洒なタウンハウスが残されている。

一方、そこから傾斜した丘を登ると、廃墟と化した上の町が現れる。その大部分はひど

中世の面影を残す町の上には
200メートル近い絶壁がそびえ、
本土からの視界を遮っている。

く荒廃したまま放置されているが、ギリシャ正教のアギア・ソフィア教会だけは美しい状態で保存されている。

壁の向こうの神秘

　かつて軍事上および商業上の重要拠点だったモネンバシアは、幾重もの歴史が残る場所だ。壁や道路の至るところに、ビザンチン帝国、ベネチア、バチカン、オスマン帝国、そして現代ギリシャ──戦時には占領下に置かれた──といった、それぞれの時代の痕跡が認められる。

　自動車が古来の外壁を超えてこの町に浸透することはなかったが、そのせいで第二次世界大戦後にこの地域が衰退していたとしてもおかしくなかったはずだ。一方で、ここ数十年のマスツーリズムによって、この場所が台無しにされていた可能性も同じくらいあっただろう。

　しかし実際には、車で入れる場所が制限されたことで、代わりに土手道を渡った先の本土側にあるゲフィラいう町が発展した。この町は現地住民の居住地になるだけではなく、旅行者用の宿泊施設も多く受け入れている。そのおかげで、モネンバシアは遺産の保存に専念し、今も大変状態の良い姿を伝えることができている。こうして、壁の向こうの神秘が今も守られているのである。

南緯15度49分7.5秒
西経69度58分23.2秒

ウロス島

ペルー

プーノ チチカカ湖

チチカカ湖に浮かぶ60の浮島は、すべてトトラ葦を
編み合わせた人工島だ。この地に暮らしていたウル族が、
ほかの民族との争いから逃れるために作ったものと言われている。

南アメリカ最大の湖であるチチカカ湖は、アンデス山脈の高地にあり、ボリビアとペルーの国境にまたがっている。この湖には約60もの浮島があり、それぞれが巨大なマットのようにトトラ葦を編み合わせて作られ、錨で湖底につなぎとめられている。これらの島は完全に独立した人工の島であるから、浮いているのは予測がつくだろう——そもそも、ツアーの案内にそう書いてある。だが、この島を「食べることができる」のは、あまり予測がつかないかもしれない。

それでいて、この島は驚くほどふわふわとしているので、心しておいたほうがいい。島に足を踏み出したときの感覚は、きちんと充填されていないウォーターベッドの上に乗った感じと似ている。そう、足元がけっこう沈むのだ。この浮島を作るのに欠かせないのがトトラ葦であるが、島ではその根がよく食べられている。生で食べることができ、その食感と味はナタウリやキュウリとさほど変わらない。

ウル族

南アメリカのこの地に浮島が現れたのは古代というほど昔ではないものの、その起源の大部分は神話になっており、検証するのは難しそうである。ただ、本当のところは分からないにせよ、湖に絶えずやってくる外国からの訪問客に応じるため、たびたび語られる説がある。それは次のようなものだ。

かつて、ウル族という創意に富んだ民族がいた。ウル族がチチカカ湖のほとりに移り住んだのはおそらく3000年以上前だ。それからウル族は何世紀もの間、ほかの民族にのけものにされていた（最終的には近隣のアイマラ族と禍根を残しつつも和解を果たし、両民族間で混血が進んだ）。

インカ族がやってくると立場がいっそう危うくなったため、自分たちで作った箱船に乗り、湖の奥へ逃げた。だが、インカの手から逃れることはできず、1400年の中頃から奴隷にされてしまった。また1600年代には、スペインの征服者（コンキスタドール）が到来し、このときも湖の奥へ逃げたが迫害を防げなかった。しかし、その過程で人工の島を住処とする類まれなる社会が形成されていった。それが今日まで続いているというのである。

およそ1000人が独自の生活を送るウロス島には、地域最大の都市であるプーノから簡単に行くことができる。アンデス山脈を徒歩で超えるバックパッカーの多くが、この島を目標地点としてきた。よそ者は、頭に載った

伝統的な帽子から櫓まで、あらゆる物が葦を器用に編んで作られているのを見ても、ただ物珍しいと思うだけだ。

果てなき労働

しかし、島民がこの環境に縛られ、果てなき労働に従事せざるをえないのも、おそらくこの物珍しさのためである。というのも、浮島は早いペースで腐ってしまうため、浮かせ続けるには絶えず継ぎを当て、修繕しなければならないからだ。また季節にもよるが、1、2カ月ごとに葦を積み重ねて島を入れ替える必要がある。捨てられた島は朽ち果て、自然へと還っていく。こうして、終わりなきサイクルが回り続けるのである。

しかし、悠久の時が流れているかに思えたチチカカ湖にも、少しずつ現代の世界が入ってきている。自然保護論者の不安をよそに、

島民たちは観光客をいともたやすく受け入れ、観光ツアーや宿泊施設（太陽光発電をはじめとする現代の最新設備を備えた、極めて快適な宿もある）を提供してきた。ウル族の人々は自ら伝統衣装を着て、手工芸品を販売しているのである。おそらく彼らにとって、これこそが他者に食い物にされるのを防ぎ、自分たちの未来を確実に守るための防衛手段なのだろう。

浮島にあるもの——家屋、円錐形の納屋、家具類——は、ほぼすべてトトラ葦でできている。ウル族のカヌーもまたトトラ葦製だ。

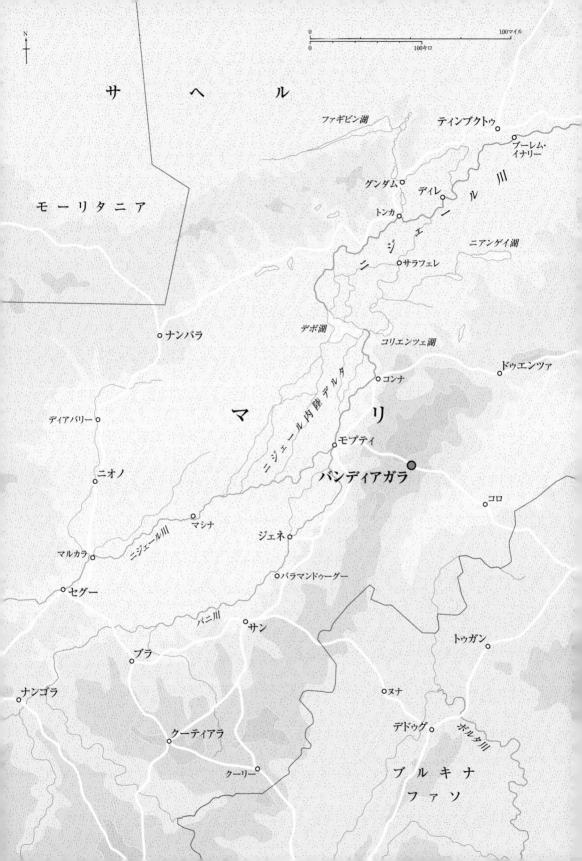

バンディアガラの断崖

マリ

モプティ州

アフリカ西部、半砂漠の平原に150キロにわたってのびる
長大な砂岩の崖に、2000年以上も人が住み続けている。
穀倉や集会用の建物、神殿など独創的な建物が目を引く。

バンディアガラの断崖は、乾燥した半砂漠の平原に150キロにわたってのびる長大な砂岩の崖だ。西アフリカ、マリのモプティ州にある。考古学者によれば、この崖には2000年以上も人が住み続けているという。最初に住んでいたのはトロイ族で、そのあとにテレム族が移り住んだと考えられている。

どちらの民族についても、どのような文明を持っていたのかはあまり分かっていない。ただ、詳細は分からないながらも、遺構は発掘されている。この地域でしか見られない土の住居や埋葬室があり、こうしたものを最初に作ったのはテレム族だと考えられている。そして15世紀頃にドゴン族がやってくると、テレム族と入れ替わるように集落を作ったという。

ドゴン族

一般に、ドゴン族の文明はアフリカでもかなり古い部類に入ると見られている。ドゴンの社会は、氏族、家族、部族間の絆や、祖先崇拝、アニミズム（場所、人、物に霊的存在が宿るとする信仰）に根ざしている。文字の記録を持たない口伝の社会であるため、彼らがマリのこの地へやってきた方法やその理由、移住する前にいた場所については、はっきりと分かっていない。ソンガイ族やフラニ族、モシ族に隷属を迫られたため、あるいはイスラム教への改宗を強いられたため、南方のガーナあたりからこの地へ逃れてきたのではないかという説もある。そのルーツや移住の理由には諸説あるにしても、バンディアガラへ移住したのち、狩猟採集生活を送っていたテレム族を追い出したことは確かだ。

ドゴン族はそうやって断崖の支配権を得ると、地面を掘って農業を始めた。キビを育て、石がちな崖の合間にある肥えた土地に庭を作り、岩間にたまった水で稲作を行った。また、侵略を目論む者が現れた場合は、高地にいることを最大限活用し、そこにある岩や石ころを飛び道具にして対抗した。彼らはこうして400年以上も自分たちの集落を守ってきたのである。

独創的な土の建物

文化人類学者がドゴン族に関心を持つようになったのは1930年代になってからだった。当時この地はフランス領スーダンだったが、バンディアガラの断崖やその周辺はあまりに隔絶した場所にあったため、ほかの地域とはほとんど交流がなかった。しかも西洋では、ドゴン族はその存在すらほとんど知られてい

なかった。

　状況が変わったのは戦後、人気となった
『ナショナル ジオグラフィック』誌や『タイ
ム』誌が取り上げてからだろう。土の建物が
印象的なドゴンの村の写真がこうした雑誌に
載り始めてようやく、ドゴンの人々の独創性
に世界の注目が集まり始めたのである。

　穀倉（ストーブの煙突のような形をした、
藁葺きの泥の建物）は、集落の中でも特に目
を引くものだ。天井をあえて低くしたトグナ
と呼ばれる集会用の建物も特徴的である。ほ
かにも神殿や聖廟（神話上の祖先の霊のため
に用意された永遠の住まい）が数多くあり、
その壁にはシンボルを用いた装飾がふんだん

崖の隙間に押し込んだような建物
は、バンディアガラの断崖における
最初期の住居だ。11～14世紀に、
テレム族によって作られた。

に施されている。

　1989年、バンディアガラの断崖は、289あ
るドゴン族の村とともにユネスコの世界遺産
に登録された。現在、エコツーリズムが地域
経済を押し上げており、そこから得られた資
金は、祖先および将来の世代のため、ドゴン
族の集落存続に役立てられている。

南緯6度38分34.5秒
東経140度08分20.9秒

コロワイ族のツリーハウス

インドネシア

パプア州

ニューギニア島のコロワイ族は、20世紀後半まで
外部と接触することなく、孤立した状態で暮らしてきた。
樹上にツリーハウスを作り、狩猟採集社会を営んでいる。

　コロワイ族との接触がはじめて報告された
のは1974年のことだ。ある科学者グループが
枝葉を切り払いながら熱帯雨林を進み、イン
ドネシアのパプア州南東に住むコロワイ族を
訪ねたのである。このときまでコロワイ族は
ほぼ孤立した状態で暮らし、外界のことを知
らずに済んでいたのだという。今も、この熱
帯雨林の北側や奥地にコロワイの氏族の拠点
がある。彼らが外部の人間との接触を避ける
のは、悪魔や悪霊を運んでくると広く信じて
いるためだ。

年間降水量約5000ミリ

　コロワイ族は古来の複雑な信仰体系を忠実
に守る。その信仰によれば、死者はいつでも
生者の地に戻ってくることができるという。
また、人はカクア（魔女）に乗っ取られるこ
とがあるという。コロワイ族に長らく食人の
風習があったのもこのためだ。悪魔の憑依を
打ち消し、悪霊を退散させるには、人を殺し
て食べるしかないと考えられていたのであ
る。もっとも、今はもうこうした風習は行わ
れていないのではないかと、ほとんどの文化
人類学者が考えている。

　コロワイ族が住むのは、アラフラ海から
150キロほど離れた、パプア州のディグル川
上流にある熱帯雨林の比較的小さな沼沢地
だ。今も推計4000人が、そこで結束の強い狩
猟採集社会を営んでいる。年間降水量は約
5000ミリと、地球上でもとりわけ多湿な場所
であり、ぬかるんだ林床や生い茂る枝葉には
危険な細菌や毒グモ、凶悪なヘビが生息して
いる。

　コロワイ族は伝統的に、濡れた地面から20
～30メートルほど上にツリーハウスを作り、
住居としてきた。重力に逆らうように高い場
所に住むようになったのは、おそらく敵の氏
族の襲撃に備える必要があったからであり、
また、猛獣の通る地上から距離を取っておき
たかったのだと思われる。ツリーハウスを作
るのにまず必要なのは、1本の丈夫なバニヤ
ンの木である。最初に木の上部の枝葉を取り
除き、幹を中心の柱とする。次に、木の皮や
サゴヤシの葉を編んだもので、屋根、床、壁
を作る。小屋のような建物ができたら、中を
2、3の部屋に分け、4～10本の木の支柱で家
を支える。家には梯子でしか入れない。

　サゴヤシの木は、ツリーハウスに豊富な資
材を提供するだけでなく、バナナと並ぶコロ
ワイ族の主食でもある。木の中心から取れる
デンプンは粉状にされ、安定剤やつなぎとし
てほぼすべての料理で使われる。サゴヤシの

中にいる幼虫は良質なタンパク源であり、もう1つの主食である。

狩猟と農耕

どの家族もツリーハウスの下に小さな庭を持っており、サツマイモなどの野菜やタバコを栽培している。一方で、サトウキビなどの食用植物、旬の果物、ベリーなどは森から採ってくる。狩りや釣りを行うのは男だけである。犬を連れ、原始的な弓矢のみを使って野豚やヒクイドリを捕獲する。そのほか、小鳥、ヘビ、トカゲ、げっ歯類なども食用に捕まえる。

外界との接触により、コロワイ族にも否応のない変化が起きている。科学者や宣教師、観光客が訪れるにつれ、コロワイ族の多くがそのもてなしをするようになった。中には、観光客向けに芸を行ったり、小物やアクセサリーを売るなどして金を稼ぎ、動力付きの工具を手に入れようとする者もいる。それは、代々の祖先が使わずに済ませてきたものだ。また、若者は次第に森を離れ、ベッキング川やエイランデン川の土手沿いにある村での生活を選ぶようになってきている。林冠の下で長年培われてきた生活様式がいつまで続くかは、時のみが知っている。

1つの住居に15人ほどが入ることができる。1人の男とその妻（または妻たち）、未婚の子どもたちが一緒に住む。

太　平　洋

ムサウ島

アドミラルティー諸島

マヌス島

カビエン

ニュー
アイルランド島

ビスマルク海

ウェワク

セピック川

ラバウル

カルカル島

パ　プ　ア　ニ　ュ　ー　ギ　ニ　ア

ロング島

セントラル
山脈

ワバック

マウント・ハーゲン

ゴロカ

ニューブリテン島

ウンボイ島

メンディ

ラエ

キコリ川

ソロモン海

ケレマ

フライ川

オ　ー　ウ　ェ　ン　ス　タ　ン　リ　ー　山　脈

パプア湾

ダントルカスター
諸島

トゥフィ

ダル

ポートモレスビー ☆

アバウ

アロタウ

ヨーク岬

珊　瑚　海

ヨーク岬
半島

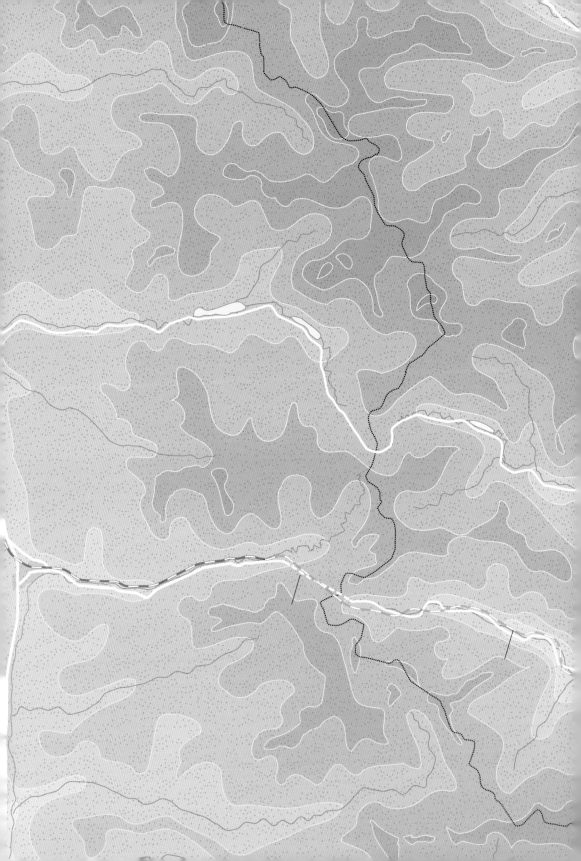

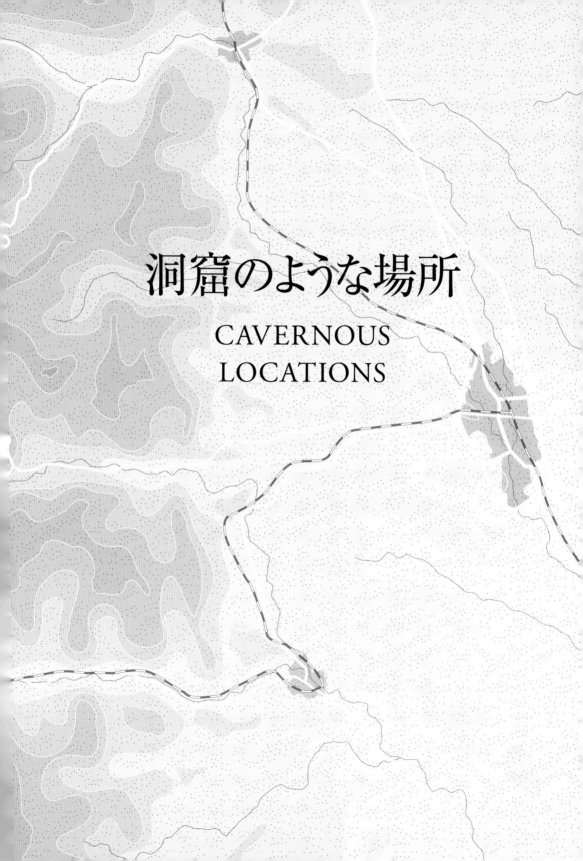

洞窟のような場所

CAVERNOUS
LOCATIONS

ラスコー洞窟

フランス

モンティニャック

かつてブドウ畑だった場所の下に、先史時代に描かれた
鮮やかな壁画が眠っていた。トナカイ、サイ、ライオンなどが
躍動するその洞窟を見つけたのは、17歳の少年だった。

ドルドーニュ川が屈曲しながら青々とした牧草地や岩山を抜けていく。名の由来となったこの川が巻き付くように流れるフランス南東部のドルドーニュ県は、田園風景――そしてフランス的なもの――の理想を体現するために創設された、と言ってもおかしくない場所だ。

この地には、「これぞフランス」といった昔のままの魅力ある村や、雄大なシャトー、丘陵に立つ荒い石造りの城塞、過ぎし日の田園風景を思わせる農場、広範なブドウ園が点在する。ドルドーニュ、ベルジュラック、モンラベル、ペシャルマンといった有名なワインの産地があり、西側にあるボルドーと同じく、ブドウの栽培が住民の生活に組み込まれている。

ところで、フランスのワイン生産地には1つの共通体験がある。1860年代、フィロキセラというアブラムシのような昆虫が到来し、どこも壊滅的な被害を受けたのだ。この害虫は、アメリカから輸入されたブドウの苗木にくっついてフランスに忍び込むと、ブドウの木の根にむさぼりついていった。結果、国中のブドウの木が葉を黄色くし、しおれて枯れてしまった。

この「ブドウ胴枯病」に対する治療法がよ

うやく見つかったのは、1890年代のことだ。それは、アメリカのブドウの木を台木にしてフランスのブドウの木を接ぎ木し、害虫に強いハイブリッドの木を新たに育てるというものだった。かくして、フランスのワイン産業は壊滅を免れたのである。

自動車修理工見習の少年

だが、モンティニャック村（ドルドーニュ県の東に位置し、廃城や古代の石橋のほか、中世後期の建物も少数ある風光明媚な川沿いの村）を見下ろすラスコーの丘のブドウ園にとって、この解決策の発見はあまりに遅すぎた。ラスコーでは、その前にブドウの木を松の木に替える決定が下されていたのである。

第一次世界大戦の勃発直前、その松の木の1本が倒れ、地面に大きな穴が開いた。土地の管理者は、牛がその穴に落ちないよう懸命になって穴を埋めた。それからほどなくしてキイチゴがそこに根を張り、穴がどこにあったかすっかり分からなくなった。小さな村では、穴のことは秘密にされた。ただ時折、「あの下には何かあるんじゃないか」という噂が流れた。

第二次世界大戦時には、フランス国土の多くがドイツの占領下にあったが、モンティ

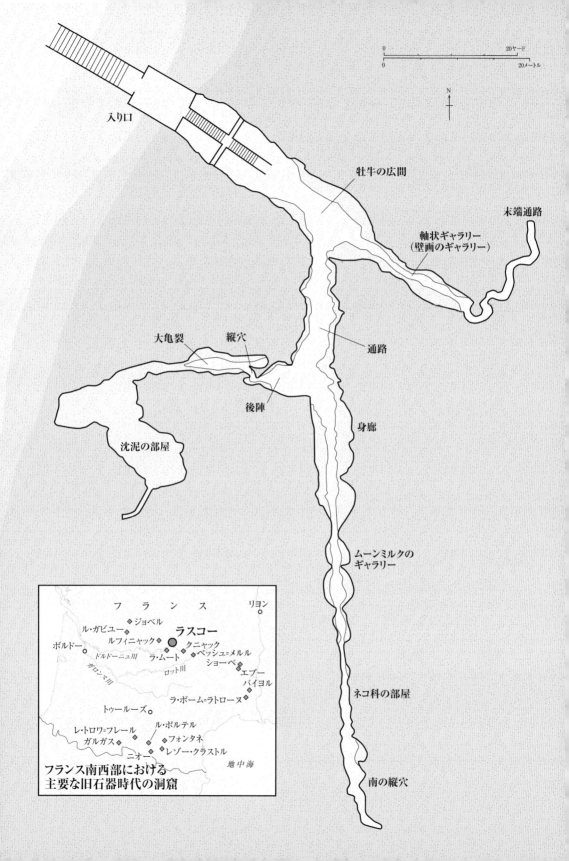

入り口

牡牛の広間

軸状ギャラリー
（壁画のギャラリー）

末端通路

大亀裂

縦穴

通路

後陣

身廊

沈泥の部屋

ムーンミルクの
ギャラリー

ネコ科の部屋

南の縦穴

20ヤード

20メートル

N

フ ラ ン ス

リヨン

ジョベル

ル・ガビユー

ルフィニャック

ラスコー

ボルドー

ドルドーニュ川

ラ・ムート

クニャック

ペッシュ゠メルル

ガ
ロ
ン
ヌ
川

ロット川

ショーベ

エブー

バイヨル

ラ・ボーム゠ラトローヌ

トゥールーズ

レ・トロワ゠フレール

ル・ポルテル

ガルガス

フォンタネ

ニオー

レゾー・クラストル

地 中 海

フランス南西部における
主要な旧石器時代の洞窟

ニャックは自由地区とされていた。1940年9月のある日、4人の少年が暇を持て余していた。リーダーは17歳の自動車修理工見習い、マルセル・ラビダで、飼い犬のロボも一緒だった。きっと、ラスコーの穴に関する噂を聞き、そこに隠された財宝があると想像をふくらませていたのだろう。

少年たちは、その穴を調べにいくことにした。だが、探しているときに突然、犬のロボが穴に落ちてしまう。少年たちはペンナイフを使って穴を広げ、何とかロボを救い出した。そのとき、ロバの死骸が少年たちの目に入った。どうやら、穴にはまって死んでしまったらしい。

数日後、ラビダは別の友人たちを連れて再び穴へ向かった。今度は、穴を掘るための道具、ある程度の長さがあるロープ、それに古い給油ポンプを取り付けたランプを持っていった。穴を掘って入り口を開けると、ラビダはロープを使って穴の中へ下りた。

ぐらぐらとしながら下にたどり着くと、そこは地下の洞窟になっていた。ラビダは近くの通路に入り、ランプを前にかざした。ちらつく光が照らし出したのは、息を呑むような壁一面の動物の絵だった。少年は図らずして、世界最高水準の先史時代の洞窟絵画に遭遇したのだ。

のちに、この洞窟を最初に調査した考古学者のアンリ・ブルイユ神父は、ここを先史時代のシスティーナ礼拝堂だと称えた。壁には保存状態の良い図像が多数残っており、オーロクス、アイベックス、ジャコウウシ、ヨー

ロッパバイソン、トナカイ、サイ、ライオンが、さまざまな種類の顔料を用いて鮮やかに描写されていた。

ラスコー4

　このニュースはあまねく学者や好事家を惹きつけた。戦争が終わると、モンティニャックの住人たちは世界中から訪れる人に向け、洞窟をすすんで公開するようになった。

　だが、それもあまり長くは続かなかった。洞窟の壁のところどころに青カビが生え始めたのである。原因は、来訪者の靴の泥に混じって運ばれてきた花粉や微生物だった。それ以上の損傷を防ぐため、1963年に洞窟の一般への公開は中止された。

　それから20年後の1983年、同じ丘の上にラスコー2がオープンした。これはラスコー洞窟を部分的に再現したレプリカの洞窟で、できるかぎりオリジナルに近づけるべく、大量の写真をもとにコンクリートで成形して彩色された。ここには1000万を超える人が訪れ、それ自体が国のモニュメントとして親しまれるようになった。

　2016年には、ラスコー2を押しのけるように、総経費5700万ユーロのラスコー4（ラスコー国際洞窟壁画芸術センター）が丘の麓にオープンする。こちらでは3Dデジタル・レンダリング技術を駆使して、76年前にラビダやロボが発見した当時の洞窟を完全に再現した。これで、古代フランスのアートは劣化の心配なく生き続けることになった——接ぎ木で生き延びたブドウの木のように。

紀元前1万6000〜1万4000年頃に描かれたラスコー洞窟の絵画。「牡牛の広間」の見所である牡鹿、馬、4頭の牡牛はあたかも動いているかのようだ。

北緯39度39分30.5秒
東経113度42分42.4秒

懸空寺

中国
山西省

古代中国の哲学者、老子は天上界の一つ「太清境」に昇天して
不老不死となったと伝えられる。中国・山西省の断崖に建つ
懸空寺は、その高みに近づこうとして建設された。

太僕寺旗

内 モ ン ゴ ル 自 治 区

商都

固原

中

固陽

陰 山

呼和浩特

烏蘭察布

張北

赤城

包頭

張家口

揚子江

宣化

豊鎮

洋河

涿鹿

万里の長城

大同

桑乾河

東勝

懐仁

涿州

渾源

懸空寺

新街

山 西 省

河 北 省

陝 西 省

神木

徐水

保定

忻州

世界の宗教には、高い場所と信仰を関連づけるものが多くあり、山が信仰の対象となることも珍しくない。たとえば、南アジアの地平線に屹立する冠雪の連峰、ヒマラヤ山脈は、ヒンズー教では神の住まいだとされている。古代ギリシャでもオリュンポス山が同様の役割を担っていた。スリランカのスリー・パーダは、聖なる山として仏教徒、ヒンズー教徒、キリスト教徒のほか、一部のイスラム教徒にも崇められている。宗教によってそれぞれ、ブッダ、シバ、アダムがこの山に登り、頂上に巨大な足跡を残したとされる。また旧約聖書には、モーセがシナイ山で神と交信し、十戒を授かったと記されている。

私たちの頭上にある空と神々との関連性はより深い。たとえば、古代中国の天思想における「天」——ほかの神々や人類全体を統べる最高神——は、天国や空という意味を持つ言葉でもある。かつて中国の君主には、天の息子を意味する天子という称号が用いられ、天がその権力の直接のよりどころとなっていた。他方で、老子（古代中国の哲学者）は昇天して天上界の1つ「太清境」で不老不死となった、と信じる道士（道教の僧侶）もいる。

太清境の高み

伝説によると、山西省にある懸空寺は北魏後期、道士の大工たちが了然という仏教僧に

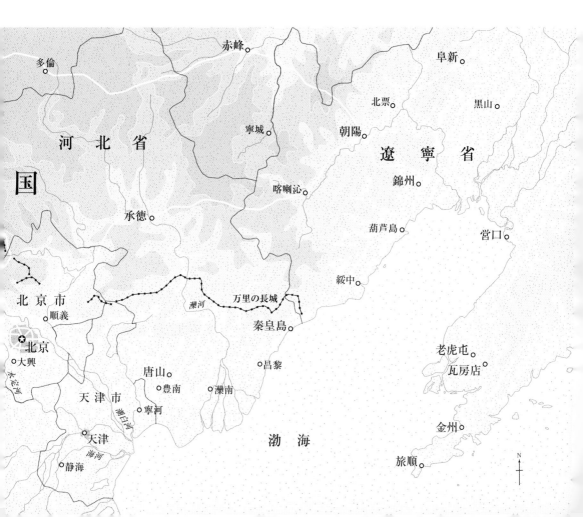

手を貸し、太清境の高みに近づかんとして建設されたと言われる。高所恐怖症だと、この寺院の参拝はまずできない。恒山の絶壁、地上75メートルのところに張り付くように建てられているからだ。また、どうやって固定されているのか一見して分からないため、その建築技術をある意味、目をつぶって信用する必要がある。

この寺院は、木製の桟道のついた小ぶりな仏塔のような建物の集まりであり、見たところオークの横材で崖に固定されている。つまり、その横材を――壁掛け棚のダボのようにして――岩壁に彫った穴にはめているだけのようなのだ。とても信用できる作りとは思えない。支えが1、2本へし折れて、谷底へ崩れ落ちてもおかしくなさそうだ。

しかし、実際には1400年以上もの間、特に損傷もなくここにとどまっている。最後に大きな修繕が行われたのは1900年のことだ。建物の主要部分が岩盤の上に乗っており、上に大きな岩が覆いかぶさるように張り出しているおかげで、悪天候などの自然の力から守られてきたのではないかと考えられている。

ブッダ、孔子、老子

懸空寺の特色は、高所恐怖症を引き起こしそうな危険な場所に建っていることだけではない。ここは中国に唯一残る、仏教、儒教、道教（中国の三大宗教）を一体化した寺院であり、その三教殿にはブッダ、孔子、老子という三開祖の像がともに祀られているのだ。

では、なぜ複数の宗教がこうして一堂に会しているのだろうか。1つ考えられるのは、この地に旅人が立ち寄って休息をとれる場所があまりなかったということだ。そこで、この寺院ではくたびれた旅人たちを宗教の別なく受け入れ、心と体を休める場を提供していたのかもしれない。

複数の建物からなるこの寺院には40の部屋があり、回廊、橋、桟道によって結ばれている。また、銅、鉄、粘土で作られた80体余りの像が祀られている。

北緯33度32分33.5秒
東経9度58分0.5秒

マトマタ村

チュニジア
マトマタ

映画『スター・ウォーズ』に登場する惑星タトゥイーンの
砂漠の住居は、チュニジアに実在する小さな村がモデル。
主人公ルークが暮らしていたのはベルベル人の穴居住宅だ。

「見たこともないようなところへ旅行したい」と人はよく言う。旅行とはある意味、見慣れた世界から——遠くに行くにせよ、行かないにせよ——私たちを連れ出してくれるものであり、おなじみの退屈な日常とは違った経験ができるチャンスでもある。

つい最近まで、宇宙旅行と言えばSFの世界の話だった。しかし、今では地球軌道の外へ出るのもまったく不可能というわけではなくなってきている。リチャード・ブランソンのバージン・ギャラクティック社や、イーロン・マスクのスペースX社、ジェフ・ベゾスのブルーオリジン社は、もうまもなく宇宙旅行の販売を始めようとしている。初期の旅客機でもそうだったように、差し当たっての問題はコストだ。乗船するのに数十万ドルは下らないと見られ、はじめのうちは超富裕層にしか手が出せないだろう。

だが、その代わりに地球上にも宇宙っぽい場所はある。別の惑星のような場所と言ったほうがより正確だろうか。たとえばマトマタ。そこは映画『スター・ウォーズ』シリーズを観た人ならおなじみの場所だ。

マトマタはチュニジアの南部にある小さな村で、人口は2000人を少し超えるくらいだ。地中海に面した由緒ある港町、ガベスからは40キロほど南西へ行ったところにある（ちなみにガベスは、サハラ砂漠へ向かう際の一番近い入国地点でもある）。

惑星タトゥイーン

1976年、ジョージ・ルーカスは、スター・ウォーズ第1作の出演者と撮影クルーを連れてマトマタを訪れた。そして、2つの衛星を持つ惑星タトゥイーンにある砂漠の住居として、劇中にベルベル人の建物を登場させたのである。もっとも、主人公のルーク・スカイウォーカーに、「宇宙の光り輝く中心」から「一番はずれの」場所だと言われてしまうのだが。

マトマタ村があるのは柔らかい砂岩層で、リビアとチュニジアの間で唯一通行可能な陸路がその横にのびる。ここでは、ベルベル人が何世紀にもわたり、穴を掘って住居にしている。この種の穴居住宅は紀元前4世紀にはあったと考えられるが、マトマタ村に多くの人が定住するようになったのは16〜17世紀である。

ベルベル人は北アフリカの先住民であるにもかかわらず、チュニジアの人口の1パーセントしか占めない少数民族であることから、たびたび差別に苦しんできた。もともと、ベ

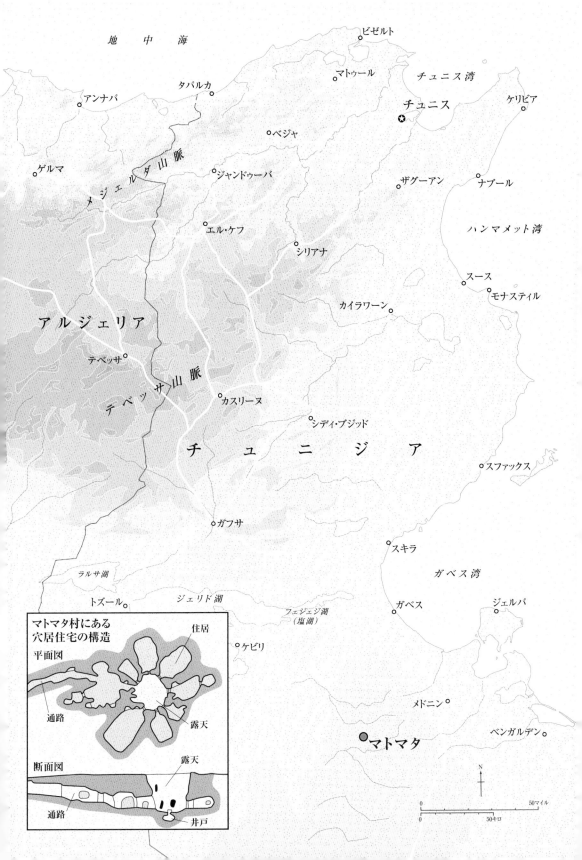

地　中　海

ビゼルト

チュニス湾

マトゥール

アンナバ

タバルカ

チュニス

ケリビア

ベジャ

ゲルマ

ジャンドゥーバ

ザグーアン

ナブール

エ
ル
ジ
ェ
ル
ダ
山
脈

エル・ケフ

ハンマメット湾

シリアナ

スース

モナスティル

ア　ル　ジ　ェ　リ　ア

カイラワーン

テベッサ

テ
ベ
ッ
サ
山
脈

カスリーヌ

チ　ュ　ニ　ジ　ア

シディ・ブジッド

スファックス

ガフサ

スキラ

ラルサ湖

ガベス湾

トズール

ジェリド湖

ガベス

ジェルバ

フェジェジ湖
（塩湖）

ケビリ

マトマタ村にある
穴居住宅の構造

平面図

住居

通路

露天

メドニン

ベンガルデン

●マトマタ

N

断面図

露天

通路

井戸

0　　　　　　　　　　　　50マイル

0　　　　　　　　　　　　50キロ

ルベル人が地中に住宅や通路を作って住むようになったのは、侵略者や敵の部族の略奪者から身を隠すためだった。また、日中の日差しや砂漠の夜の冷えを避けるのにも理にかなっていた。大きな穴（中庭）を中心にして、そのまわりに住居が形成されているが、これらは古来、手工具で柔らかい砂岩を削って作ったものである。

ラーズの家

スター・ウォーズ第1作（『エピソード4／新たなる希望』）では、ルーク・スカイウォーカーが暮らす叔父オーウェン・ラーズと叔母ベルーの家として、マトマタ村のベルベル人の建物が使われている。この建物は撮影時、すでにシディ・ドリス・ホテルとして営業していたところで（営業開始は1969年）、現在は観光客も受け入れている。1990年代後半にスター・ウォーズ・シリーズが再開されてから、観光客がこの地に大挙して訪れるようになった。

今でも多くのベルベル人が穴居住宅に住み続けている。ただ、1950年代後半、ガベスから約15キロの道路沿いに一般的な家の建つ新マトマタ村ができてからは、地下の住宅に住む人の数は減り続けている。

ベルベル人の住宅には、かつて最大で1家族3世代が住んでいた。現在、これらの建物を多く使って、ベルベル人の博物館が運営されている（上）。下は、シディ・ドリス・ホテルに残るスター・ウォーズの美術セット。

シェル・グロット

イギリス
ケント州マーゲイト

ここはガイドブックに「この異様な洞窟には、謎めいた空気が漂っている」と紹介されている。壁一面が貝殻で装飾された、美しい洞窟の成り立ちには諸説がある。

イギリスのケント州にあるマーゲイトは、かつて海辺の漁村だった。このマーゲイトをはじめとする同州の漁村が、富裕層や貴族の保養地として利用されるようになったのは18世紀のことだ。当時は、痛風などの病気の治療に海水浴が推奨されていたのである。

1791年に王立海水浴病院が設立されると、マーゲイトは国内で最先端の海浜リゾート地となった。当時、まともに張り合えたのはノースヨークシャー州のスカーバラくらいだった。ロンドンからの日帰り客に人気となるのも、そう時間はかからなかった。ロンドンっ子たちは、ホイと呼ばれる小型帆船に乗り、テムズ川を下ってマーゲイトまでやってきた。

貝殻の洞窟

それから100年近く経った1885年、当時人気の小説家で神秘家のマリー・コレリは、次のように書いた。「マーゲイトと名のつくところに、洗練されたものがあるとは限らない。安物の紅茶を勧められるし、ふいにエビの野暮ったいにおいも漂ってくる」。だが、コレリはこのリゾート地のある一点に惹きつけられていた。それがもし「低俗な町マーゲイト」になかったならば、「世界の不思議の1

つとして広く認められていた」だろうと彼女は考えた。それがシェル・グロットという洞窟だ。

ガイドブックは「この異様な洞窟には、謎めいた空気が漂っている」と書き、その諸説分かれる来歴を追った『シェル・グロットの謎（The Enigma of the Margate Shell Grotto）』という本も近年刊行された。この洞窟がいかに謎に包まれているかが分かるだろう。公式ウェブサイトですら、シェル・グロットの来歴や成り立ち関して多く寄せられる質問に、「分かりません」としか答えていない。

発見時の状況についても諸説あるが、そのうちの一説は次のようなものだ。1834年（資料によって1835年や1837年の場合もあり）、ニューラブという人物が運営する女学校用に洗濯所を建設しているとき、ある作業員がシャベルを放り投げた。すると、シャベルが姿を消したので、そこに穴があるらしいと気づいた。そこで、1人の少年にシャベルを取ってきてもらうことにした。少年が穴を下りると、そこには壁や中心の柱に大量の貝殻で装飾を施した洞窟があった、というのがそのあらましである。

貝殻は全部で28種類ほど使われており、そ

の多くがマーゲイトでとれたものだった。これらの貝殻を並べて、ヒマワリ、ユリ、ブドウ、ヤシの枝葉、蛇の頭などを表した精緻な装飾が施されていたのだ。のちの調査で、この貝殻の作品の総面積は186平方メートルにも及ぶことが明らかになっている。

ほとんどが謎のまま

これを作ったのはローマ人なのか、ペルシャの太陽神ミトラの崇拝者なのか、暇を持てあました18世紀後半の職人なのか、それとも海沿いに住むインチキ投機家なのか。これまでにさまざまな説が出てきては消えている。いずれにせよ、確かなのはこの貝殻の装飾が発見後にさまざまな被害を被ってきたということだ。客が土産にしようと壁の貝殻をそいでいったり、ガス灯の煙で黒ずんでしまったり、地上のずさんなコンクリート処理による排水不良で部屋が湿気たりして、劣化が進んでしまったのである。

1999年、シェル・グロットはイングリッシュ・ヘリテッジの危機遺産に登録され、徹底した保護が行われるようになった。これと時を同じくして、マーゲイトではアートギャラリーのターナー・コンテポラリーが開業し、かつて賑わいをみせた遊園地ドリームランドが営業を再開した。海辺の町の荒廃が聞かれる中、この町は元気を取り戻しつつある。当のシェル・グロットは、煤けた貝殻がむしろ趣となり、その魅力を保っている。来歴も成り立ちもほとんどが謎のままだが、だからこそ、人々の心をとらえ続けているのである。

マーゲイトのシェル・グロットでは、すべての表面に貝殻が入念に散りばめられ、複雑なパターンがおもにシンメトリーで表現されている。

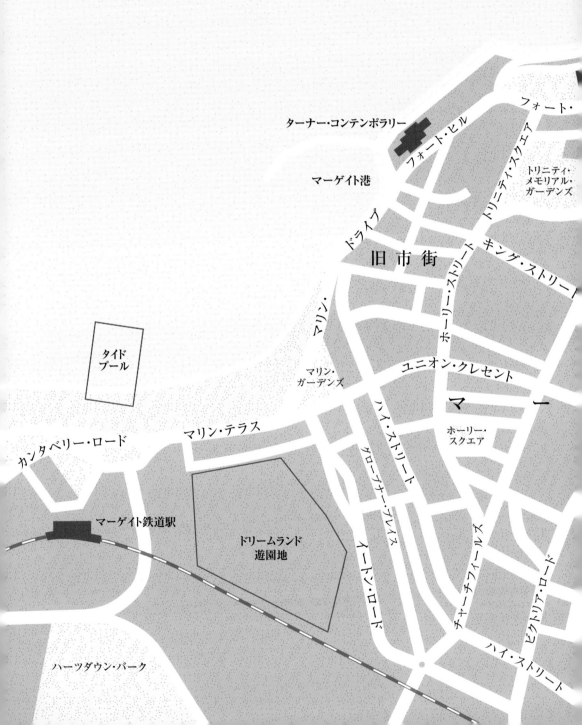

北　海

ターナー・コンテンポラリー

フォート・ヒル

フォート・

フォート・ヒル

トリニティ・スクエア

トリニティ・
メモリアル・
ガーデンズ

マーゲイト港

ドライブ

旧市街

キング・ストリート

マリン・

ホーリー・ストリート

タイド
プール

マリン・
ガーデンズ

ユニオン・クレセント

マ　ー

ホーリー・
スクエア

マリン・テラス

ハイ・ストリート

カンタベリー・ロード

グローブナー・プレイス

マーゲイト鉄道駅

ドリームランド
遊園地

パーク・ロード

チャーチフィールズ

ビクトリア・ロード

ハーツダウン・パーク

ハイ・ストリート

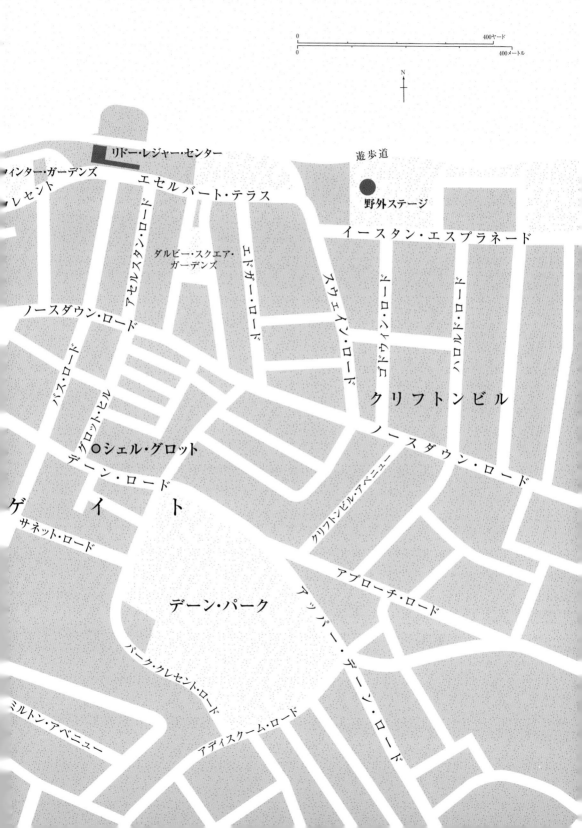

リドー・レジャー・センター

ウィンター・ガーデンズ

クレセント

エセルバート・テラス

遊歩道

野外ステージ

イースタン・エスプラネード

ダルビー・スクエア・
ガーデンズ

ノースダウン・ロード

クリフトンビル

ノースダウン・ロード

シェル・グロット

ゲ　イ　ト

デーン・ロード

サネット・ロード

クリフトンビル・アベニュー

アプローチ・ロード

デーン・パーク

パーク・クレセント・ロード

アッパー・デーン・ロード

ミルトン・アベニュー

アディスクーム・ロード

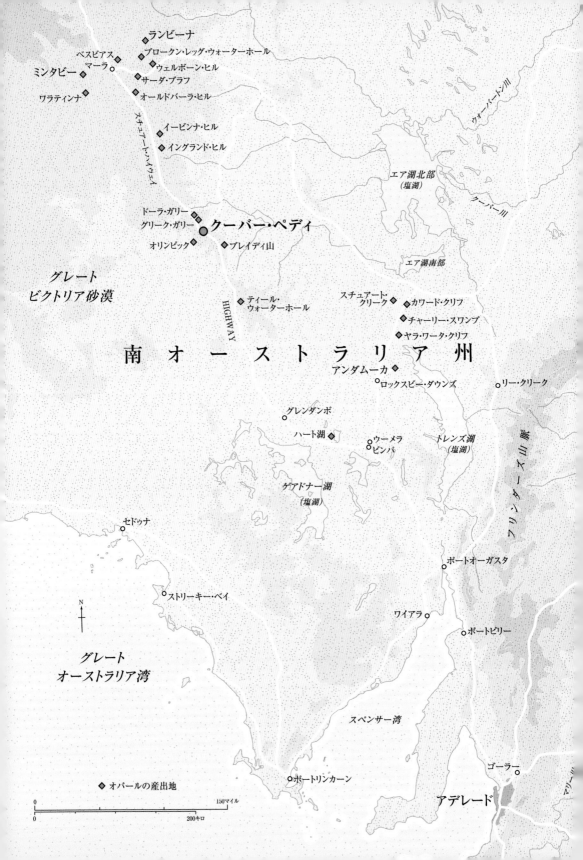

ランビーナ

ベスビアス
ミンタビー　マーラ

ブロークン・レッグ・ウォーターホール

ウェルボーン・ヒル

サーダ・ブラフ

ワラティンナ

オールドバーラ・ヒル

イービンナ・ヒル

イングランド・ヒル

エア湖北部
（塩湖）

ドーラ・ガリー
グリーク・ガリー

クーバー・ペディ

オリンピック　ブレイディ山

エア湖南部

グレート
ビクトリア砂漠

ティール・
ウォーターホール

スチュアート・
クリーク　カワード・クリフ

チャーリー・スワンプ

ヤラ・ワータ・クリフ

南オーストラリア州

アンダムーカ

ロックスビー・ダウンズ　リー・クリーク

グレンダンボ

ハート湖

ウーメラ
ビンバ

トレンズ湖
（塩湖）

ゲアドナー湖

（塩湖）

セドゥナ

ポートオーガスタ

ストリーキー・ベイ

ワイアラ

ポートピリー

グレート
オーストラリア湾

スペンサー湾

オパールの産出地

ゴーラー

ポートリンカーン

アデレード

0　　　　　　　　150マイル

0　　　　　　　　200キロ

クーバー・ペディ

オーストラリア

南オーストラリア州

オパール採掘の町、クーパー・ペディでは
人口の約8割が地下で暮らしている。自然光の入らない地下に、
教会、本屋、バー、ホテルまであり、住み心地は良いという。

　1851年、オーストラリアのニューサウス
ウェールズ州で金が発見されると、金鉱を求
めて世界中から人が殺到した。多くの人がこ
の国にとどまり、奥地の過酷な状況に耐えな
がら、一攫千金を狙って石や土をさらったの
である。こうした金や貴重な鉱石の採掘は、
20世紀に入ってもしばらく続けられた。

　1915年、金鉱脈を探していたある一行は、
辺鄙（へんぴ）な場所でキャンプをすることにした。南
オーストラリア州に広がる砂漠（ドイツとフ
ランスを足したくらいの面積がある）の南東
に位置するこの場所こそ、クーバー・ペディ
である。そこは非常に乾燥しており、州都ア
デレードの浜辺からは約850キロも離れてい
る。夏の数カ月間は気温が37℃を超え、多少
の日陰や雨ではその暑さをしのぐことはでき
ない。おそらくは、地球上でも有数の、住む
のに適さない場所である。

オパールの鉱脈

　だが、この地にテントを張った金鉱脈探し
の一行は、金塊や莫大な富を頭に描き、厳し
い気候に負けじと探索を続けていたのだっ
た。その一行の中にいた14歳の少年、ウィ
リー・ハッチンソンも思いは同じだった。1
人でキャンプの留守番を任され手持ちぶさた

だったウィリーは、その場を離れて周囲を探
索し、偶然オバールを発見した。ウィリーの
見つけたオパールの原石は、砂岩の地面のわ
ずか3センチほど下に埋まっていたのであ
る。これがきっかけで、この地域に月面のよ
うな光景が生まれることとなった。

　ウィリーによる発見を受けてクーバー・ペ
ディはオパール採掘の町に一変し、第一次世
界大戦が終わると急速に人口が増えた。政府
は移住計画を打ち立て、帰還兵向けに農地を
提供したが、その多くがひと山当てようと
クーバー・ペディへやってきたのである。1
日掘るだけでもかなり稼げたが、厳しい日差
しの下で終日働くことになった。逆に、夜に
なればひどく冷え込んだ。

80パーセントが地下の住民

　やがてクーバー・ペディの住民は、そんな
極端な気候を少しでも和らげようと、オパー
ルの坑道や地下の採掘跡に移り住むように
なった。すると、地下は気温が常に一定で、
灼熱の太陽と強烈な砂漠の風が待ち受ける地
上よりもはるかに暮らしやすいことが分かっ
た。人々は地下にオーダメイドの住居を掘
り、定住するようになった。かくして、新し
い地下の町が誕生したのである。

クーバー・ペディにおいて地上で目にするものは、削岩機によって掘り出された砂岩の山ばかりだ（右）。下に住居があるなど、この光景からは知る由もない。1993年、住民たちは砂岩を削って地下の教会を作った（左）。

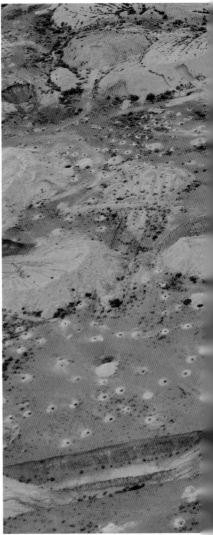

クーバー・ペディでは今もオパールの採掘が続けられている。人口はおよそ3500人で、そのうち約80パーセントが地下の住居に住んでいる。こうした住居の多くは、住人自ら作ったもので、自然光は入らないものの驚くほど住み心地が良い。地上にはスーパーマーケットが2軒あり、ゴルフコースも1つあるが、施設の充実ぶりでは地下に遠く及ばない。地下には、教会から本屋、バー、ホテルまであるのだ。

それを別にしても、地上は1世紀以上続く採掘によって、きわめて危険な場所になってしまっている。周りの砂漠地帯は印のない穴や、入り口の開いた坑道だらけで、「走らないこと」「後ろ向きに歩かないこと」などと警告する標識が立っている。この光景を目にすると、やはりこの地面の下に住んだほうがいいという気持ちが強くなるのである。

北緯43度49分32.5秒
東経28度33分38秒

モビル洞窟

ルーマニア

コンスタンツァ県

500万年以上も外界から遮断されていた地下洞窟に、
驚くべき生態系が広がっていた。日光は届かず、
有毒な空気に満ちた空間で、50種近い生物が確認されている。

アーサー・コナン・ドイル（シャーロック・ホームズの生みの親で、妖精を信じていた）が1912年に発表した『失われた世界』は、SF要素を加味した少年向け冒険小説の形をとっている。描かれるのは、人里離れた台地での探検旅行だ。チャレンジャー教授ら一行はこの地を探索する中で、先史時代の恐竜や、人間を喰らう猿人、絶滅した生物など、ありとあらゆる古代生物に遭遇する。

シャーロック・ホームズ・シリーズの陰に隠れがちではあるが、この小説もまた人気を博した。ドイルはこのあと、チャレンジャー教授が登場する続編を4作執筆している。また、本作はこれまでに何度も映画化やテレビドラマ化されている。

ドイルは純粋なフィクションとして秘境の光景を描いた。登場する生物たちも、いきいきとした想像力によって生み出されたものだ。だが、もしドイルが今の時代に作品を書き、そのインスピレーションを求めていたとしたら、ルーマニアのある場所にたやすく心を奪われたに違いない。そこは、異様な生命が多数息づく場所だ。

ルーマニアの南東、コンスタンツァのほど近くに、2000年の歴史を持つ黒海沿岸の港町マンガリアがある。このマンガリアの近郊に広がる平原は、その手の地理的特徴の典型例だ。あるいは「地理的特徴のなさの」というべきか。何しろ低地や平地とすら言えないほど特徴がなくて、うら寂しく、殺風景すぎてシュールにすら感じるほどなのだ。

暗黒の洞窟

まだ社会主義国だったルーマニア政府の調査チームが、ここを発電所の建設候補地に挙げた理由はよく分かる。見渡す限り何の建物もない土地は、ほかにそうなかったはずだからだ。そうして1986年にこの地を訪れた技術者たちは、建設候補地として調査をしているときに偶然、驚異の「失われた世界」を発掘したのだった。

はたして掘削調査で発見されたのは、500万年以上も外界から遮断されていた、迷路のような地下洞窟だった。これがのちに言うモビル洞窟である。発見以降、洞窟への立ち入りが制限され続け、20メートルほど下りて中に入ったことのある人は100人に満たない。

これには理由がある。まず、この洞窟内部には他に類のない生態系が見られるが、そこが人間にとって明らかに危険な環境なのである。地底湖を満たすのは硫化物を含んだ水で、卵の腐ったにおいを放っている。また、

洞窟内の酸素濃度は地上のおよそ半分（地上は20パーセントだが、洞窟内は10パーセント）、二酸化炭素濃度は地上のおよそ100倍なのに加え、硫化水素も1パーセント検出されており、その空気は明らかに有毒である。おまけに、洞窟内は真っ暗だ——何百万年もの間、日光を遮断されてきたのである。

　こんな環境なのに、意外にも洞窟内では独自の生命が進化し、繁栄している。これまでに48種の生物が確認されているが、うち35種は地球上のほかの場所では生息していない生物だった。その大半は華奢で、目がなく、色素もない。這ったり、くねくねとしたり、体をせわしなく動かしたりして進む——要するにヒル類、等脚類、蠕虫類（ぜんちゅう）、クモ、エビなどだ。そして、多くは長い触角や脚を持つ。

奇跡の生態系

　この生物たちが洞窟で生きていけるのは奇跡の賜物にほかならない。日光が届かず光合

成ができない洞窟内では、純粋に化学反応から栄養を得ることで生態系が成り立っている。つまり、食物連鎖の底辺にいるバクテリアが洞窟内の水に含まれる硫化物とアンモニアを有機化合物に変換しているのである。これは、地球上でも稀有な生態系の例である。

　この洞窟に潜む生物は確かに奇妙だ。とはいえ、この洞窟を成り立たせている諸条件は、地球上で最初の生命がいかに生まれたかを知る手がかりとなりうる。地球が誕生してまもない頃、太陽光線は二酸化炭素、メタン、アンモニアからなる濃い大気に遮られていた。つまり、洞窟内の環境は当時の地球環境と同様に厳しく、地球上の最初の生物には、こうした環境から出現したものがいる可能性があるということだ。モビル洞窟から生物の進化を解明するきっかけが得られたとしてもおかしくはない。

コンスタンツァ県のマンガリア近郊に、数キロにわたって広がる平原。野草が周囲に茂る天然の湖のほかは、ほとんど起伏が見られない。

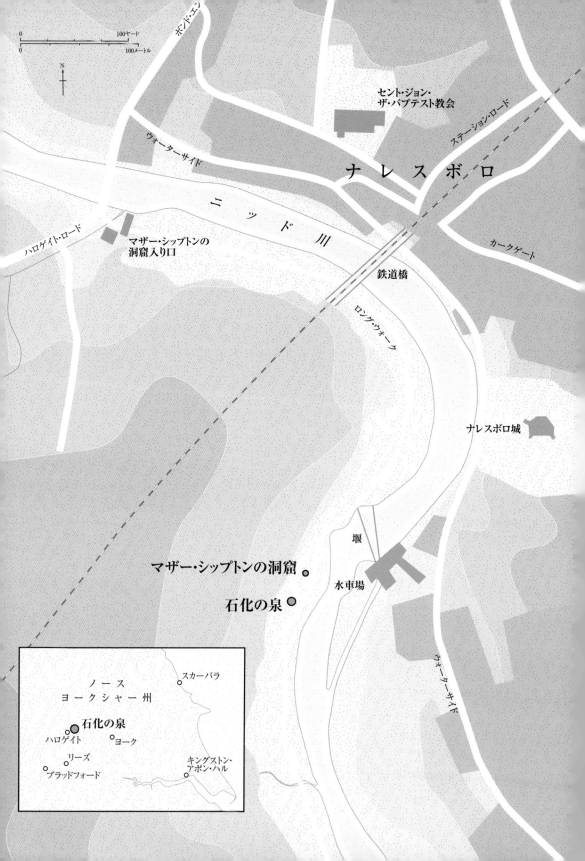

石化の泉

イギリス

ヨークシャー　ナレスボロ

投げ入れたものをすべて石に変える
「驚異の泉」がある。多くの観光客が訪れるようになり、
石にされたテディベアが土産物として売られている。

　ナレスボロは、ニッド川や景勝地のニッド渓谷を縁取る石灰岩の崖の上にある。この町はもとより石との縁が深い。ノースヨークシャー州の由緒ある市場町で、かつてナレスボロ王室林のあった場所に位置し、丘の上には14世紀の王城跡がそびえる。ナレスボロの古い建物には、この城の石を用いて建てられたものもある。町の急峻な路地や歩道には、人をつまずかせる敷石が残る。町はずれには、庭園として設計され、今は自然公園となっているプランプトン・ロックス——壮大なミルストーン・グリットの岩層があることから付けられた名称——がある。

　そして、ナレスボロの地質学的財産と言えば、マザー・シップトンが産み落とされたと言われる洞窟だ。マザー・シップトンとはチューダー朝時代の予言者で、老婆の姿で表される。この地の伝説によれば、彼女はスコットランド女王メアリーの死を予言したという。また、近くの森から魔法の薬草を採ってきて、使いこなしたとも言われる。

　この洞窟は1630年から公開されているイギリス最古を誇る観光名所で、ジョージ王朝やビクトリア朝の時代には、地元の地主貴族であるスリングスビー家の管理の下、地主層に人気の観光地となった。観光客を呼び寄せているのは、洞窟の近くにある石化の泉だ。ここはかつて雫の泉（ドロッピング・ウェル）とも呼ばれ、悪魔の呪いがかかった場所だと信じる人もいた。

高濃度の方解石

　この天然の泉の特色について初めて書いたのは詩人・司祭にしてイングランド王ヘンリー8世付きの図書館司書兼好古家だったジョン・リーランドである。1538年にナレスボロを訪れたリーランドは、投げ入れたものをすべて石に変える「驚異の泉」だと書いている。だが、こうした恐るべき作用が見られたにもかかわらず、癒やしの泉だと称えられたこともあった。「体のあらゆる問題」を追い払おうと、泉の水を飲む人や、泉の中に入る人が相当いたのである。

　現在では医学の発展もあって、そのような行為をすべきでない、特に飲用はやめるべきだと、医師らが強く警告している。現代の化学分析では、この泉の水には並外れて高濃度の方解石が含まれていることが示されている。これは、周囲のトゥファや石灰華岩を水が通る際に溶け出したものである。泉の水に石化という特別な力を与えているのも、このミネラル分だ。泉の水を浴びせ続けると、た

いていの物が数カ月のうちに石に変化するの
は、このためである。1853年に泉の水が流れ
る場所に置かれたシルクハットや婦人帽は、
今や岩のようになり、元の姿がほとんど分か
らなくなっている。

石化したテディベア

　洞窟のそばには、泉の水によって石化した
物を並べる博物館が併設されている。その中
には、イギリスの著名な推理小説家、アガサ・
クリスティのハンドバッグや、カウボーイ役
でおなじみの銀幕スター、ジョン・ウェイン
がかぶっていた帽子、メアリー王妃が1921年
に訪れた際に預けた靴など、目を引く物も展
示されている。この泉では、なぜかテディベ
アなどのぬいぐるみを石化させることが多
く、うまく石化したテディベアはギフト
ショップで土産物として販売されている。

　石化や悪魔の呪いと聞いて薄気味悪いと思
う人には、この近くに古くからある願いの泉
を紹介したい。この泉にコインを投げ込んだ
人には、幸運が訪れると言われている。すぐ
に運を使い果たしたくない人や、自分に自信
を持ちたい人は、泉の水を詰めたボトルを購
入するのもいいだろう。

滴る泉の水を浴びせるため、数多くのテ
ディベアが吊り下げられているが、中に
は仮面、つば広の帽子、ロブスターもあ
る。ほかにもシルクハットやクリケットの
バット、やかんなどが石化の最中だ。

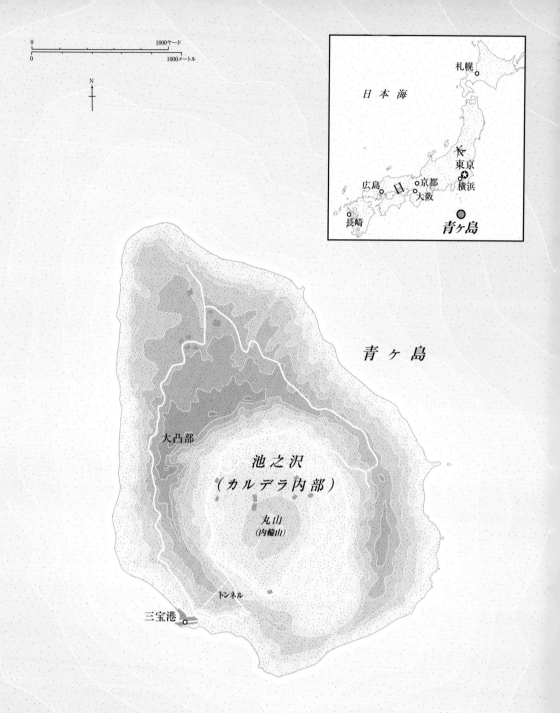

太 平 洋

青 ヶ 島

池之沢
（カルデラ内部）

大凸部

丸山
(内輪山)

トンネル

三宝港

0 ──────── 1000ヤード
0 ──────── 1000メートル

N

日 本 海

札幌

東京

広島　　　京都

日　　大阪

横浜

長崎

青ヶ島

北緯32度27分25.8秒
東経139度46分11.7秒

青ヶ島

日本

東京都

青ヶ島は海から見ると断崖絶壁に囲まれ、容易には
上陸もできない。何度も火山が噴火して形成されたこの島で、
人が暮らすのはカルデラの中だ。

青ヶ島は、東京都の都心から南へ320キロ
ほど離れた、太平洋の黒潮が流れる流域に浮
かぶ日本の島だ。この島について語るとき、
人は何かと「小さい」「少ない」と言いがち
になる。まず、島自体が長さ約3.5キロ、幅
約2.5キロしかなく、とても小さいのだ。島
の人口もまた少なく、減少の一途をたどって
いる。休戸郷と西郷という2つの集落を合わ
せても青ヶ島には170人の住民しかおらず
（2019年現在）、人口の少ない村としては日本
で一番だ。

人が少ないことは、どう言われようと島で
一番価値のあることだと、島民たちは言う。
豊かな緑の広がるこの島では、孤独と静けさ
が大事にされているのである。島の産業とし
て焼酎の醸造が行われており、名産の芋焼酎
に不自由することはない。焼酎用のサツマイ
モのほか、トマトなどの野菜が青ヶ島のミネ
ラル豊かな土壌で生産されている。島では店
が数軒営業しているほか製塩所もあるが、喧
騒に満ちた都心とは正反対の、のんびりした
空気に包まれている。

青ヶ島を訪れて一番感動するのは、おそら
く島に入るときと島から出るときだろう。と
いうのも、出入り自体が難しく、危険ですら
あるからだ。1993年にヘリコプターが毎日飛

ぶようになるまで、島へ行くには船に乗るし
かなかった。周囲は荒々しさで知られる海
で、熱帯暴風雨がたびたび島を襲い、濃霧が
視界を遮る。島を訪れる人は、予定の滞在日
数よりも数日余計に足止めを食らうことを想
定しておいたほうがいい。

火山と生きる

観光客を魅了するのは、のどかな雰囲気や
風景、そして島に湧き出る天然温泉だ。地熱
で熱せられた水が公衆のシャワーや風呂、サ
ウナに利用され、余分な蒸気が魚や野菜を調
理する設備に送られている。この島の名物料
理は、もちろん蒸し料理だ。もっとも、蒸気
が出るのは温泉のある場所だけではない。火
口付近では、ごつごつした地面のあちこちか
ら蒸気が吹き出している。そう、青ヶ島はた
だの島ではなく、海面から突き出た活火山な
のである。

島民たちは、ここに住むことの危険性につ
いて気にも留めていない様子だ。そうしない
とやっていけない部分もあるのだろう。主要
な村の大部分は、火山円錐丘の外側にある。
だが、もし爆発的な噴火が起こったら、この
島に生きて残るのは大変だろう。

記録上で一番古い噴火は、江戸時代の1652

年のものだ。より最近では1785年の夏に大きな噴火が起こっており、このときは島に壊滅的な被害がもたらされた。ガスや煙が大きく空中に上がり、火山弾が空を飛ぶほどの大噴火で、当時327人いた住人のうち、ほぼ半数が命を落とした。こうして青ヶ島は居住不能となり、人がまた戻ってくるまで50年近くもかかったのである。

星空コロシアム

　近年では、気象庁が最新の地震計測設備を用いて火山活動の監視を続けている。島民には、噴火を事前に警告する技術に対する信頼があるのかもしれない。また、のどかな環境を離れたくないという気持ちもある。こうした思いが相まって、とりあえずは、いつ発生

するとも知れない噴火への不安を押しとどめているようである。

　光害がないこともまた、この島の大きな魅力である。池之沢地区のカルデラは「星空コロシアム」と呼ばれており、そこでは家や外灯の明かりに遮られることなく頭上の星空を眺めることができる。多くの星は今そこにあるのではなく、明滅する光が私たちに伝える

のは星たちの過去の姿だ。この星空の下で暮らしていれば、楽天的な考えを持つようになるのも不思議ではない。大宇宙から見ればたいていのことは大した問題じゃない、と。

青ヶ島は古いカルデラが4つ重ってできており、切り立った岩壁を豊かな緑が覆う。池之沢地区の島最大となるカルデラには、島の主要な特徴がとどめられている。

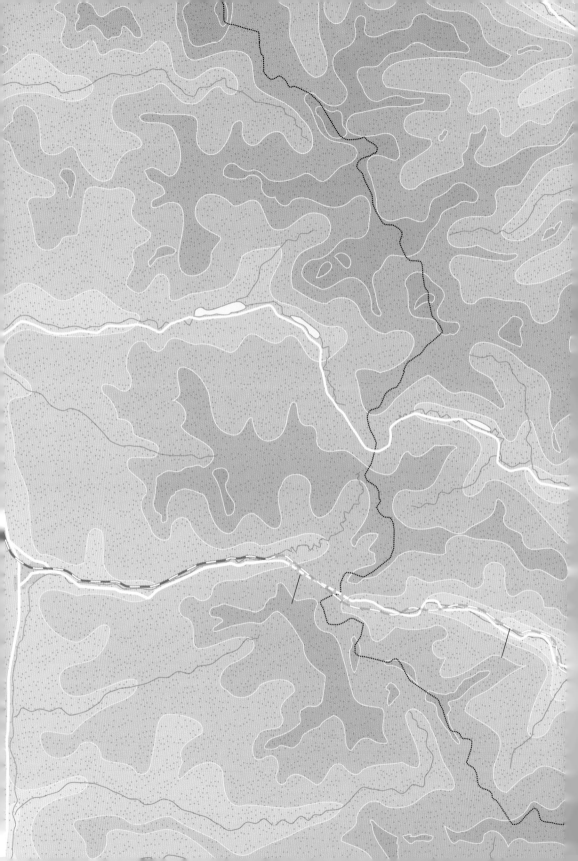

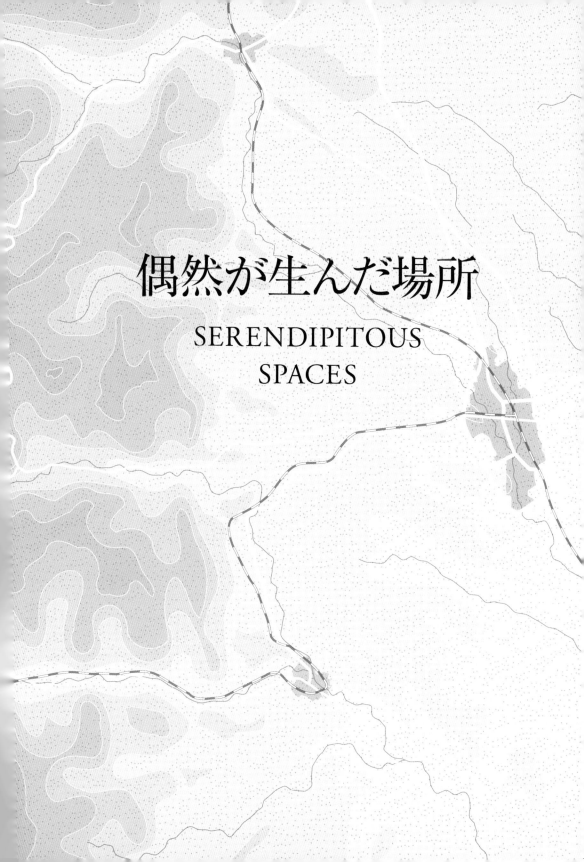

偶然が生んだ場所

SERENDIPITOUS SPACES

北緯38度54分57.5秒
東経100度7分55.7秒

張掖丹霞地貌

中国
甘粛省

張掖丹霞地貌は、晴れた日にだけ最高の姿を見せてくれる。
数千万年に及ぶ地殻変動、絶え間ない降水と浸食、
多様な鉱物の酸化が重なり、万華鏡のような絶景が生まれた。

「じめじめした雨の日には行かないようにしよう」。そうガイドブックに書かれるのは、かつてシルクロードの要衝だった甘粛省張掖市から40キロほど西に位置する「虹色の山脈」、張掖丹霞国家地質公園だ。もっとも、こうしたアドバイスは、雨風を防ぐ場所の少ない野外の観光名所に広く当てはまるものかもしれない。たとえそこが絶景だったとしても、霧雨が少し降っただけで、ろくに観光を楽しめなくなることもありうる。

辛辣な大批評家ウィリアム・ヘイズリットは、機械式時計よりも日時計を好むと述べているが、その理由は、悪天候のときに時間が知らされないからだった。世界にはこの日時計のように、日光がないと本領を発揮しない場所がある。張掖丹霞地貌もその1つだと言えるだろう。

この場所が最高の光景を見せるのは、太陽が出ているときだ。中でも、驚異の地形に浮かぶ万華鏡のような色彩に、朝日や夕日が刻々と戯れる様は壮観である。そうは言っても、湿気や雨や風がなかったら、張掖丹霞地貌はさほど訪れる価値のある場所とはなっていなかっただろう。なぜなら、こうした気候や風化の作用こそが、今ある地形を作ったからである。

サイケデリックな色合い

太古の昔、鉱物を豊富に含んだ砂岩とシルト岩が海底に堆積し始め、ケーキのように何段も層を積み上げていった。それが、今からおよそ5500万年前、インドプレートとユーラシアプレートの衝突（ヒマラヤ山脈を造った地殻変動）によって、大きな影響を受ける。絨毯を寄せるとこぶができるように、水平だった砂岩の層が宙に押し上げられ、切り立った崖や山々ができたのである。

こうして起伏に富んだ景観が出現すると、長い間地中に埋まっていた堆積岩が新たな自然環境——打ちつける砂漠の風、降りしきる雨、凍てつく冬の寒さ——にさらされることになった。言わば、手つかずだった素材に自然の力が働き始めたのである。絶え間ない降水と侵食の作用により尾根が作られ、岩が露出し、山と谷の連なる素晴らしい景観が生まれた。この連峰が黄、オレンジ、赤、緑、青といったサイケデリックな色合いを持つのは、砂岩に含まれる鉄鉱石などの多様な鉱物が酸化したためである。「丹霞」とは、このような地形を指す言葉である。この地形は中国のほかの場所でも見られるが、張掖丹霞ほど色彩豊かで魅力的なところはない。

張掖丹霞地貌は、約510平方キロに
わたって広がる。岩肌を多彩に染める
縞模様が、何よりも印象的だ。

祁連山のトーチ

ルーブル美術館の
幻影

峰林　　　　陰陽柱
桃園三結義

来客を出迎える天の駱駝
玄武門

氷溝門断裂帯

　　　　　　　単斜山
天を仰ぐ竜
　　　　　　巷谷
　　　　単斜岩層
　　　　　　岩壁

張掖丹霞地貌
（氷溝丹霞）

侵食平坦面

梨園河

康楽郷

白銀

峰叢

中　　国

N

地形の見所

0　　　　　　　　　　　　　　　3マイル

0　　　　　　　　　　　　　　　5キロ

大沙河

梨園河

眠れる美女

夕日帰帆

巨大な帆立貝

七彩屏

七彩飛霞

火の海を見る猿

小草子断層

火と戯れる竜

仏を拝む僧たち

小布達拉宮

張掖丹霞地貌
（七彩丹霞）

スロープポイント

ニュージーランド

南 島

容赦のない風が不思議な光景を生み出した。
地元の酪農家たちが風よけに植えた数本の木が、すさまじい風を
受けながら成長した結果、見事にねじ曲がって大きくなった。

イギリスの詩人、クリスティーナ・ロセッティは「風」という短い詩の中でこのように指摘する――どんなかすかな風でも聞いたり、肌で感じたりできるのに、その姿はほかのものへの作用を通して間接的にしか捉えられない、と。

　誰が風を見たでしょう？
　僕もあなたも見やしない、
　けれど木の葉をふるわせて
　風は通りぬけてゆく。

（西條八十訳）

風とは、言ってみれば気圧の差によって生じる空気の動きだ。そして、空気が透明に見えるのは、空気を作っている気体、すなわち窒素、酸素、アルゴン、二酸化炭素の分子を通過する（ありがたいことに、固体や液体に当たると反射する）ような波長の光を、目の網膜が検出しているからである。霧がかかったり、虹が出たりすると、空気の姿を一瞬捉えられたような気がする。しかし、それも光とほかの粒子との相互作用を見ているにすぎないのだ。たとえば、荒れ狂う竜巻が漏斗状に見えているのは、空気中の水蒸気のおかげである。

容赦のない風

ニュージーランドのスロープポイントは風の激しいところである。この容赦のない風が、ある印象的な光景を岩壁の海岸線にもたらした。南島の最南端にあるスロープポイントへ行くには、数エーカーある個人農地を20分ほど歩いて横切る必要がある。崖の先には、南極まで4800キロほど広大な外洋が続く。この海に南極大陸から吹き込む気流を遮るものは――浮き沈みする氷山やアザラシのツルツルした頭は別として――ほとんどなく、凍てつく風が南西から間断なく打ちつける。もちろん、風が少しやわらぐ日もあるが、大方は強風の日が続く。およそ人が住むのに適したところではなく、おもな住民は羊たちだ。強風にもかかわらず草がみっしりと生えており、それが彼らの食糧となっている。

今から数十年前、地元の酪農家たちが金を出し合って、家畜の羊たちの風よけに木を数本植えたという。近くには掘っ立て小屋も数軒建てられ、その一部は廃墟となって今も残っている。木々はよく成長したものの、凍てつく海流に伴って吹く風に絶えず打ちつけられ、幹や枝がねじ曲がって伸びてしまった。こうして、あまりにも長く風にしごかれ、

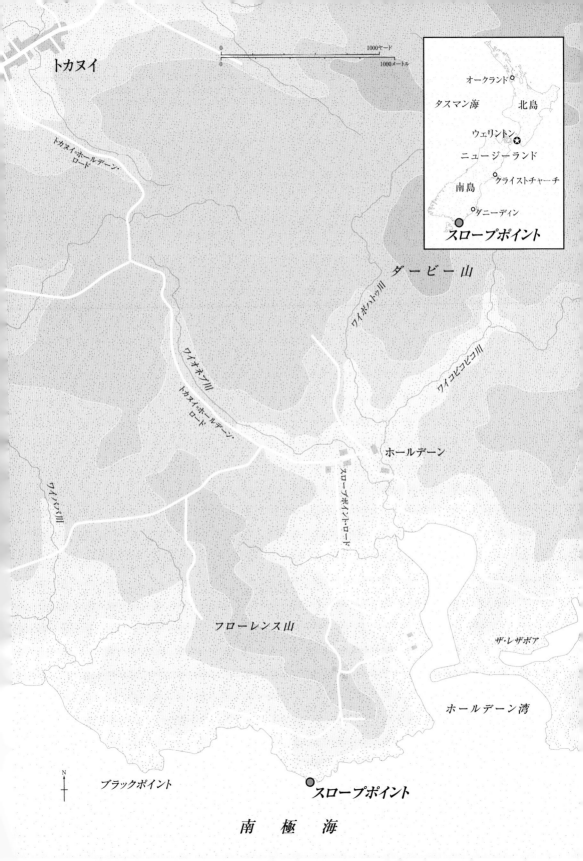

トカヌイ

トカヌイ・ホールデーン・
ロード

ワイオボアプ川

トカヌイ・ホールデーン・
ロード

ワイヘンゴ川

スロープポイント・ロード

ダービー山

ワイポハトゥ川

ワイコピコピコ川

ホールデーン

フローレンス山

ザ・レザボア

ホールデーン湾

N

ブラックポイント

スロープポイント

南　極　海

オークランド

タスマン海　　北島

ウェリントン

ニュージーランド

クライストチャーチ

南島

ダニーディン

スロープポイント

0　　　　　　　　　　1000ヤード
0　　　　　　　　　　1000メートル

たわみ続けたおかげで、今では木々が仲良く身を反らしている。横に大きく広がった枝葉は、ドライヤーで乾かしている途中の髪の毛みたいだ。

　この木々は、環境を形成する自然の力を身をもって表現しているのである。また、風そのものを何よりも的確に捉えている、と言ってもいいかもしれない。ほぼ何もないような地の果てで、この木々はどうしようもなく奇妙なアクセントとなっている。

スロープポイントのねじ曲がった木々
は、吹きさらしの地形で唯一風を遮る
ものだ。もっぱら牧草が茂る開けた土
地で、先まで行くと岩の崖がある。

グラスビーチ

アメリカ

カリフォルニア州フォートブラッグ

カリフォルニアのとある海岸に、自動車、家電製品、家具など
ありとあらゆるゴミが無節操に捨てられた。そのゴミが海に
とことん揉まれて、宝石のようにキラキラ光っている。

1906年4月18日、サンフランシスコ地震が発生した。地震とそれに続いた火災により、同市にある2万8000棟以上の建物が倒壊し、3000人以上が死亡した。地震は都市圏にとどまらず、サンアンドレアス断層に沿って南北480キロ近くにわたる地域を破壊した。その振動は、オレゴン州南部や内陸側のネバダ州中央部にまで伝わった。カリフォルニア州北部、メンドシーノ郡の太平洋沿岸にある漁業と材木の町フォートブラッグでは、2軒のれんが造りの家を残して、すべての建物が地震により倒壊した。

地震が起きた直後、フォートブラッグの通りは膝の高さまで瓦礫で埋まった。一刻も早く平静を取り戻したいと思った町の住民たちは、ひどくその場しのぎな解決策を取ることにした。その解決策とは、瓦礫を崖まで運んで、そこからただ海へ投げ捨てるというものだった。

こうして、瓦礫を視界からも心からも取り除いた住民たちは、本腰を入れて町の再建を始め、「シティ・バイ・ザ・ベイ(湾岸沿いの街)」向けに材木の生産に取りかかることができたのである。「地震のあと、町の製材所がサンフランシスコの復興のために材木を供給したことで、フォートブラッグは繁栄し

た」と、今でも町の公式ウェブサイトに書かれている。

しかし、にわかにもたらされた繁栄によって、また別の問題が起こった。町が豊かになり、消費が増えたことで、処分すべきゴミが大量に生まれたのである。地震後に取った解決策が功を奏したことから、フォートブラッグの住民たちは、もう一度あの海岸に頼ることにした。それから、ありとあらゆる廃棄物——古い自動車、壊れた家電製品や家具から、ブリキ缶やガラス瓶まで——が崖の向こうに積み上げられるようになるまで、そう時間はかからなかった。やがて、この海岸の一帯は文字通り「The Dumps(ゴミ捨て場)」と呼ばれるほどひどい有様になった。

木々に囲まれた場所

はるか昔、この地はネイティブ・アメリカンであるポモ族の領地だった。ポモ族はここを「カーレーデームン(木々に囲まれた場所)」と呼んでいた。当時、岩がちなこの海岸線は、松とセコイアの鬱蒼とした林に覆われていたからだ。そこにはオークやトチノキも生えており、ポモ族はその実や種を集めて食べたり、粉にひいてパンを作ったりした。その林床から野イチゴや野菜、ハーブを獲

グラスビーチ ●

バージン川

エアポート・ロード

プディング・クリーク・ロード

ブッシュ・ストリート

パイン・ストリート

ローレル・ストリート

プディング川

フォートブラッグ

オーク・ストリート

メイン・ストリート

メイプル・ストリート

チェスナット・ストリート

ソルジャー・
ポイント

大　平　洋

ノヨ

ノヨ川

ノヨ湾

N

1000ヤード

1000メートル

り、木々の間を逃げる鹿やウサギ、リスを、手に投げ矢を持って追いかけた。そして、海岸では昆布を採ったり、骨の釣り針で魚を釣ったりして、海の恵みにあずかっていた。それが20世紀半ばになると、その同じ海岸に、ぼろぼろのエンジンパーツや錆びたスープ缶が1メートルにも及ぶ山を作るようになったのである。

1960年代に入ると、状況が変わっていく。とりわけ、レイチェル・カーソンが1962年に『沈黙の春』を出版し、農薬をはじめとする汚染物質の有害性に注目が集まると、「ゴミ捨て場」が地域の環境に悪い影響を及ぼしているのではないか、という懸念が高まった。

現地の水質管理委員会は海に廃棄可能なものを制限した。1967年には、ビーチへの廃棄が禁止され、別の場所にゴミの埋め立て地が作られた。これによって、大きなゴミや有害なゴミはいくらか海岸から取り除かれたが、それでも大量の廃棄物があとに残った。すると、太平洋は自ら清掃作戦に取りかかった。「太平」という名前とは裏腹の荒い波で、廃棄物を打ちつけ始めたのである。干潮と満潮を繰り返し、長い時間をかけて、そのプロセスは続いた。

フォートブラッグのビーチは、今では、幾千もの多彩なガラスの石できらめいている。捨てられていたコーラやジャムの瓶の破片が、海にとことん揉まれて宝石に変わったのである。

グラスビーチ

こうして、かつては見向きもされなかったゴミが姿や形を変えると、観光客や漂流物の収集家がこぞってそれを拾いにくるようになった。2015年には、現地当局がビーチの物を持っていくことを違法にした——ガラスがすべて持ち去られるのを恐れたのだ。

グラスビーチは、公式にはマッケリッカー州立公園の一部とされており、景勝地ながら自然を超えた美しさを堪能できる、北カリフォルニアでも指折りの場所だ。訪問者の中には、まるで希少な鳥を探す野鳥愛好家のように、1960年以前の車のテールランプに使われていたルビー色のガラスを求めてやってくる人もいる。それ以降の自動車製造では、プラスチックが使われるようになったためだ。このプラスチックという素材は海にとって大変な脅威であり、その環境をむしばみ続けている。

グラスビーチでは、海によって摩耗した無数のガラスの破片が、小石と混じり合う——魅力的でない過去が残した魅力的な光景だ。

南緯34度5分41.2秒
東経123度12分11.2秒

ヒリアー湖

オーストラリア

西オーストラリア州

オーストラリア南岸の木々が密生する島に、鮮やかな
ピンク色の湖がたたずんでいる。「オーストラリア」を
命名したフリンダースが発見したヒリアー湖だ。

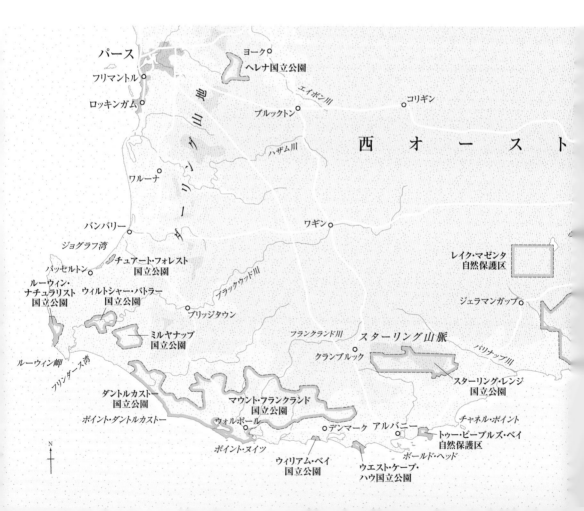

パース

フリマントル

ヨーク
ヘレナ国立公園

ロッキンガム

エイボン川
コリギン

ブルックトン

ハザム川

西オースト

ワルーナ

バンバリー

ワギン

ジョグラフ湾

チュアート・フォレスト
国立公園

レイク・マゼンタ
自然保護区

バッセルトン

ルーウィン・
ナチュラリスト
国立公園

ウィルトシャー・バトラー
国立公園

ブラックウッド川

ジェラマンガップ

ブリッジタウン

ミルヤナップ
国立公園

フランクランド川

スターリング山脈

バリナップ川

ルーウィン岬

クランブルック

フリンダース湾

スターリング・レンジ
国立公園

ダントルカスター
国立公園

マウント・フランクランド
国立公園

チャネル・ポイント

ポイント・ダントルカスター

ウォルポール

デンマーク　アルバニー

トゥー・ピープルズ・ベイ
自然保護区

ボールド・ヘッド

N

ポイント・ヌイツ

ウィリアム・ベイ
国立公園

ウエスト・ケープ・
ハウ国立公園

後世に残る偉業を成し遂げるなら、大陸を命名するのは悪くない選択だ。イギリス、リンカンシャー生まれの航海者にして水路測量技師、探検家、さらには海図製作者でもあったマシュー・フリンダースは、オーストラリアを命名したとされる人物だ。フリンダースが生きた18世紀末から19世紀初頭は、世界地図にまだ空白があり、地域によっては全体の地理が正確に把握されていなかったため、有利な面はあったと言えるだろう（もちろん先住民族からすれば、こうした場所も未開の地ではなかったわけだが）。

1801年、フリンダースはイギリス海軍の命を受け、334トンのHMSインベスティゲーター号の指揮官として、当時は「未知の海岸」と呼ばれていたオーストラリア南岸の探検に出発した。フリンダースの任務は、地図上の不明箇所に詳細を書き加え、憶測頼りの部分を正確な地形情報に置き換えることだった。こうして詳細の分かった地域は、大英帝国の領地として、地図上でピンク色に塗られた。フリンダースは優秀な航海者であり、その海図は今もなお参照され続けている。

バラ色の湖

フリンダースはまた、オーストラリア大陸を周回した最初のヨーロッパ人でもあった。100を超える島からなるルシェルシュ群島に出会い、地図の作成を行ったのは1802年1月、西オーストラリアの海岸線を測量していたと

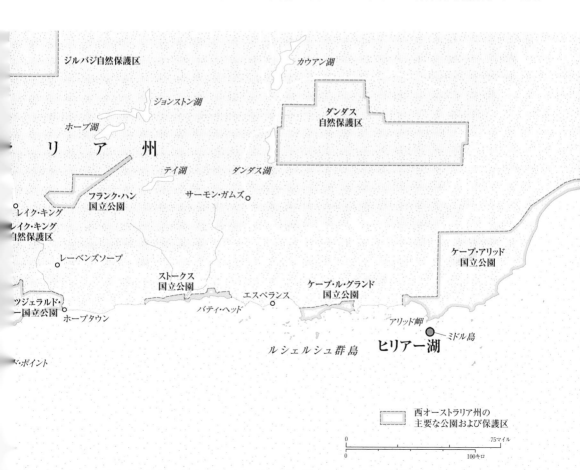

ジルバジ自然保護区

カウアン湖

ジョンストン湖

ダンダス
自然保護区

ホープ湖

リ　ア　州

テイ湖　　ダンダス湖

フランク・ハン
国立公園　　サーモン・ガムズ

レイク・キング

レイク・キング
自然保護区

ケープ・アリッド
国立公園

レーベンズソープ

ストークス
国立公園

ケープ・ル・グランド
国立公園

ツジェラルド・
ー国立公園　　エスペランス

ホープタウン　　バティ・ヘッド

アリッド岬

ズ・ポイント　　　ルシェルシュ群島　ヒリアー湖　　ミドル島

西オーストラリア州の
主要な公園および保護区

0　　　　　　　　　　75マイル

0　　　　　　　　　　100キロ

南　極　海

きのことだ。

フリンダースと、同乗していた船員や植物学者たちは、1、2日かけて群島で一番大きいミドル島を探索した。フリンダースは調査を完了させるため、地域を一望できる場所を求め、この島で一番高い、185メートルの山（現在はフリンダース・ピークと呼ばれる）に自ら登った。

島の北東にある小さな湖には、すでに熟練船員のシスルが訪れていた。その湖は、塩分を多く含み「バラ色」をしているとのことだった。実際に山の上から湖を見てみると、周囲に密生するユーカリなどの植物と相まって、ピンク色をした湖面がいっそう際立っていた。結晶化した塩を採取し、貴重な補給品として船に持ち帰った。この湖はのちに、不運にも赤痢で死んだ船員のウィリアム・ヒリアーにちなみ、ヒリアー湖と呼ばるようになった。

「オーストラリア」

ストロベリーミルクシェイクのようなヒリアー湖の色は、水中にある自然の成分、すなわちドナリエラという藻類、高濃度の天然塩、重炭酸ナトリウムが混合して生じたものである。イスラエルの死海と同様、塩分濃度が高いので泳ぐのは推奨されないが、湖面をぷかぷか浮かぶ程度の水浴びなら安全に楽しめる。ちなみに、20世紀に入ってから数年間、ここで塩の採取が行われていたが、6年間で取りやめになった。

1814年、ちょうど40歳になる年にフリンダースは死んだ。その著書『テラ・アウストラリスへの航海』が出版された翌日だった。それから10年後、フリンダースがこの主著で提案した名称「オーストラリア」が大陸名として採用された。2014年には、書名を刻印した記念硬貨が発行されている。

周囲に木々が密生するヒリアー湖は海の近くにある。その大きさは、長さが600メートルちょうどで、幅は250メートルに満たない。

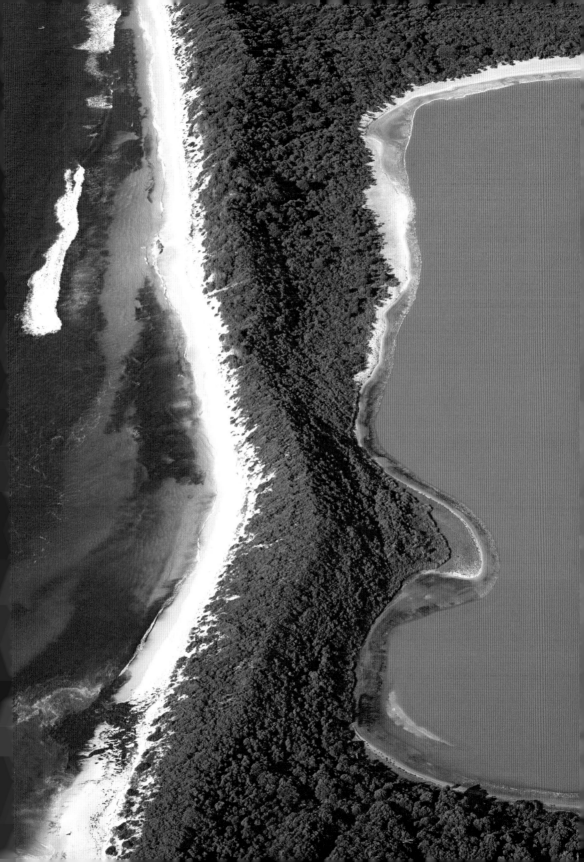

グリューナー湖

オーストリア
シュタイアーマルク州

湖面を見る限り、風光明媚な美しい場所だ。しかし、湖の底には
想像を超える景色が広がっている。緑の木が生え、花が咲き、
小道があり、ベンチまで用意されている。

英語「park」の語源は「シカなどの獲物を閉じ込め、狩るための囲われた場所」を意味する古フランス語「parc」である。こうした狩り場としての公園（パーク）のルーツは、はるか昔にまでさかのぼることができる。

公園（パーク）のような景観を記した最も初期の例として知られるのが『ギルガメシュ叙事詩』である。この古代叙事詩のシュメール語版が書かれたのは紀元前2000年頃とされ、ニネベ（現在のイラクの都市モスルの近く）にあったアッシリア帝国の王、アッシュールバニパルの宮殿跡からその書板が出土している。

そこで語られるのは2人の友情の物語である。1人は、ウルクの王にして、3分の1が人間で3分の2が神のギルガメシュ、もう1人は、森で獣たちと暮らす野人エンキドゥだ。

不死の秘密を解き明かす冒険の旅を追って、物語は進む。やがて、2人は人間の立ち入りが禁じられた、聖なるスギの森へたどり着く。そこは手入れの行き届いた場所で、うねうねと続く小道があり、美しい花が咲き、木々が高くそびえ、植物が甘いにおいを放ち、珍しい獣がすんでいる。そう、どう見ても公園（パーク）である。

さらに、森には番人として怪物のフンババがいる。「吐息」は「まさに炎」、口は「まさ

に死」というこの怪物を、2人は討伐することになるのだった。

居心地の良い場所

オーストリアは、ギルガメシュのいたメソポタミア（現在のイラク）からはいくぶん離れているが、ヨーロッパでもとりわけ緑の多い国であり、その景観は何千年もの間、ほとんど変化していない。

国土のほぼ半分を覆う森には、かつてアカシカが多くすみ、狩猟の対象とされていた。だが、その森も今は国立公園として保護されている。中心の山岳地帯には「オーストリアの緑の心臓」を名乗るシュタイアーマルク州がある。この州の売りはゲゾイゼ国立公園で、ほかにも森林、牧草地、草原、果樹園、ブドウ園が称賛の的となっている。

そして、とりわけ居心地の良い場所として人々を惹きつけるのが、同州のトラゲスという町にある国立公園だ。町の住民や観光客は冬の数カ月間、この公園を利用できる。公園のそばにはグリューナー湖（緑の湖）として知られる浅く小さな湖があり、冬になると雪をかぶったホーホシュバープ山がそれを見下ろす形になる。

およそ世界中のどの公園にも見られるよう

オーバーム・ゼー

グリューナー湖

ユリエンハイム
保護区

湖が最も深くなる場所

湖が最も浅くなる場所

グリューナガー

シャッテンベルク・シュトラーセ

ゲストハウス

N

| 0 | 250ヤード |
| 0 | 250メートル |

に、この公園にも小道があり、木々が生え、木製のベンチが備えつけられている。来園者はこのベンチに座って景色を眺め、ハイキングで疲れた足を休める。中には、地元産のスパイス入りチーズを載せたカリカリの黒パンを手に、野外のランチを楽しむ人もいるかもしれない。

春、夏に水没

だが、春や夏にこの地を再訪したときには、公園の痕跡すら見つけるのが難しくなっているだろう。同じ場所には、澄み切ったエメラルドグリーンの水面が広がっている。つまりは、気温が上がって山々の雪が溶け、そ

の水で湖がふくれ上がって公園を飲み込んだのである。公園はこれによって最大で12メートルも下に沈む。

汚染を恐れて2016年に禁止されたものの、かつてはダイバーがここに潜りに来ていた。ダイバーたちは、公園のベンチの下や小道沿いを泳いだものだった。公園は、不気味なほど元の状態を完璧に保って水のドに沈んでいる。再発見を待つアトランティス島のミニチュア版が、山の中に現れたかのように。

グリューナー湖が印象的なエメラルドグリーンの色をしているのは、冬の間に成長した緑が、夏には湖底に沈んでいるためだ。

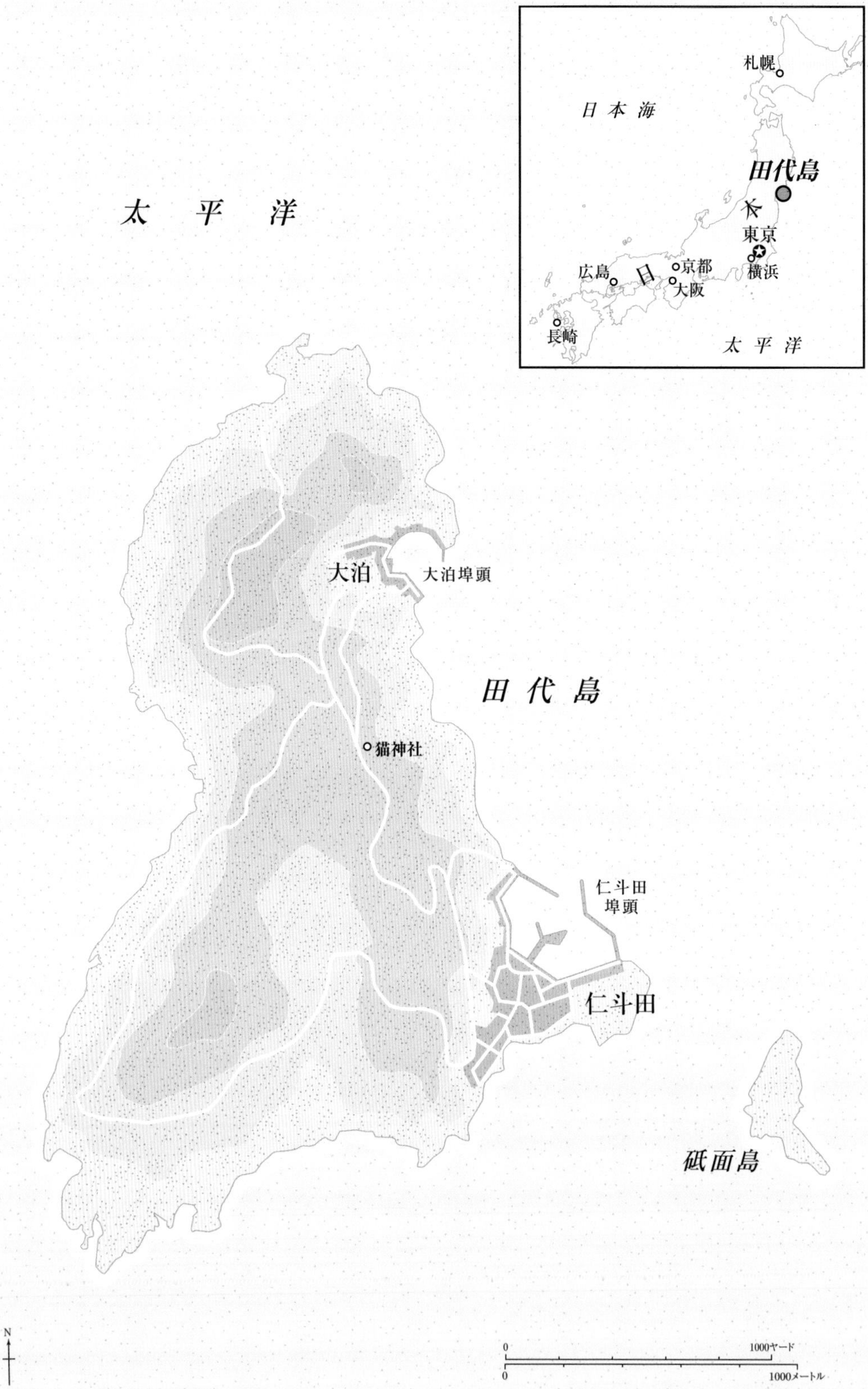

太 平 洋

日 本 海

札幌

田代島

東京
広島　　　　京都
　　　　日　　大阪　横浜

長崎

太 平 洋

大泊　　　大泊埠頭

田 代 島

猫神社

仁斗田
埠頭

仁斗田

砥面島

N

0　　　　　　　　　　　　　　1000ヤード

0　　　　　　　　　　　　　　1000メートル

猫 島

日本
宮城県 田代島

日本にはたくさんの猫に会える通称"猫島"がいくつかある。そのうちの一つが田代島だ。人口よりはるかに多い数の猫が暮らしていて、多くの人が猫に会いにこの島を訪れる。

人間の家庭に暮らす犬は、「犬のように粘り強く」という表現通りの忠実さを見せることがある。一方で、猫は飼い主であるはずの人間の生活に最低限の関わりしか示さない。したがって、「飼い猫」とはそれ自体が矛盾した概念である——そう犬の愛好家は主張するかもしれない。最近の科学的研究が示唆するところでは、猫は効果的に自らを家畜化していったようだ。

数千年にわたる関係

荒野で狩りをしていた猫が温かい膝の上に収まるまでの旅は、中東での農業の発展と密接に結びついている。この地域に穀物貯蔵庫が作られ、げっ歯類が引き寄せられると、猫はようやく人間の居住域に足を踏み入れ始めた。害獣の有能な駆除役として存在を認められ、紀元前数千年の昔から、現在のヨルダン、シリア、パレスチナに相当する新興の農業生態系に徐々に進出していったのだ。

農耕文明のもう1つの重要な発祥地である古代エジプトでも、猫は人間への貢献を十分に評価され、宗教的な崇拝の対象となった。そのため、人々はミイラ化したり埋葬したりする目的でも猫を育てるようになり、この猫たちは裕福なエジプト人の豪華な墓に一緒に埋められ、おそらくはそのまま死後の世界へ同伴した。

とはいえ、猫はやはりネズミの捕獲者として有用だったことから、フェニキア人の操縦する船に欠かせない存在となった。フェキニアの船員によって東地中海から西ヨーロッパへ運ばれると、ローマ人から熱狂的に歓迎された。その後、ローマ人の手でインドへ持ち込まれ、中国や日本にも紹介されたようである。つまり、猫は帝国の商人とともにスパイスロードやシルクロードを通り、ヨーロッパからアジアへ移動したというわけだ。

中国や日本に渡った猫たちは、蚕の繭がネズミなどの害獣から不要に狙われるのを防いでくれる動物として、信頼を置かれるようになる。こうして、猫はそれぞれの社会で特権的な地位を獲得していった。とりわけ日本では珍重され、犬と並んで人気のペットとなっている。

幸運を運ぶ動物

田代島では、犬の姿がほとんど目に付かない。この小さな島は、日本の宮城県石巻市の中心部にある海岸からフェリーで1時間ほどのところに存在する。犬と同様に人間の居住者も少なく、現在は漁業従事者を中心に100

人に満たない。

　ところが、この島にいる猫の数は、人間の数よりずっと多い。こうした半野生の猫たちは、島を支配しているばかりか、専門の神社で祀られてもいる。猫のあらゆる望みは地元住民によって叶えられる。猫は幸運を運ぶ動物であり、実際に島の救世主であると信じられているからだ。2011年の東日本大震災で津波に襲われた際、島が全壊を免れたのは猫のおかげだと考える人もいる。

　江戸時代の田代島では、漁業に匹敵する主要産業として、絹生産や織物生産が行われていた。このときネズミ退治用に持ち込まれた猫たちが、今日の島に住む猫たちの直系の祖先である。だが改良された合成繊維が登場したことや、伝統的な着物から西洋風の衣服へとファッションが変化したことで、1970年代になると養蚕は全国的に衰退する。田代島も例外ではなく、養蚕の終了は島の運命にも大きな打撃を与えた。それに伴って、居住者の数も減少していった。

　しかしここ10年の間に、田代島は猫によって観光地へと押し上げられた。「猫島」を楽しもうと世界各地から愛猫家が押し寄せ、中には夏季限定で借りられる、猫をテーマにした別荘に宿泊する人もいる。

田代島の観光客が借りることのできる「猫型ロッジ」（上）。この小さな島で、猫がとても大事にされていることを感じさせるデザインだ。

大ツィンギ

マダガスカル
メラキー

「ツィンギ」とは「歩けない場所」という意味。文字通り、
とがった岩の剣山が林立する過酷な地だ。こんな場所にも、
キツネザルをはじめ、多くの生き物が生息している。

　世界で4番目に大きな島であり、アフリカ南東部の沖合に浮かぶマダガスカル島は、それ自体がほとんど伝説の大陸だと言っていい。東アフリカのほかの地域とは一線を画し、独自の条件下で発展を遂げたマダガスカルは、地球上で最も生物学的な多様性に富んだ島である。科学者たちはこの島で20万種の異なる生物種を確認しているが、そのうち75パーセントは地上のほかの場所では見られないものだ。

　マダガスカルは、キツネザルにとって唯一の自然生息地としても知られる。ビーズのように明るい目を持つ、柔らかな毛に覆われたテディベアを思わせるこの原猿は、現在「世界で最も絶滅が危惧される霊長類」という望ましくない称号を有している。しかし、マダガスカルには今なお85種のキツネザルが生息しており、その形状、大きさ、色は多岐にわたる。中でも小型のネズミキツネザルは、地球上で最も小さな霊長類として際立った存在である。

歩けない場所

　ジョン・クリーズ・ウーリーキツネザル（学名 *Avahi cleesei*）は、島の奥地にある自然保護区で1990年代に発見されたばかりだ。この種は2005年にようやく科学的な検証を受け、同じ年に、イギリスのコメディグループ「モンティ・パイソン」の脚の長いスター、ジョン・クリーズにちなんで名前が付けられた。映画『危険な動物たち』や自身のドキュメンタリー映画『ジョン・クリーズのキツネザル作戦』を通して、キツネザルの窮状に対する注目度を高めたクリーズの功績を称えてのことである。

　島のキツネザルのうち11種が生息する大ツィンギは、表面的には、マダガスカルでも有数な過酷な環境に見える。「世界最大の石の森」と称されるこの場所には、600平方キロの広い範囲にわたって、非常に鋭く尖った石灰岩が立ち並ぶ。岩の高さは90メートルを超えることもある。

　「ツィンギ」とはおおよそ、「歩けない場所」または「つま先立ちで歩く場所」と訳される言葉だ。大ツィンギという名前は、剣山のように切り立った地形への侵入の難しさ（徒歩で800メートルを進むのに1日かかることもある）を的確に表現するとともに、現地の迷信に「もっともらしさ」を与えている。この石の森はかつて悪霊の領地だったと言われており、ここには立ち入らないのが一番だと考えられているのだ。

コモロ諸島

ボバオンビ岬

アンツィラナナ

メイヨット
（フランス）

ノシ・ベ島

アンバンジャ

ツァラタナナ山地

サンババ

アンツヒヒ

アンタラハ

マルアンツェトラ

マハジャンガ

マローボア

島

ベチボカ川

ノシ・ボラハ島

大ツィンギ

トアマシナ

ツィルアヌマンディディ

ムラマンガ

アンタナナリボ

アンツィラベ

マニア川

ア

モロンダバ

アンブシチャ

ガ

マナンジャリ

フィアナランツォア

マンゴキ川

ダ

マナカラ

ス

トゥリアラ

インド洋

オニラヒ川

モザンビーク海峡

タウランニャロ

N

ボヒメナ岬

0　　　　　　250マイル

0　　　　　　250キロ

過酷な地形から高く浮かび上がるように
架けられた橋。大ツィンギを訪れた人々は、
この使い古されたロープの吊り橋の板を
踏んで岩場を渡ることができる。場所に
よっては、橋と地面との間に300メートル
という目もくらむような高低差がある。

2億年前に海底で誕生

　温暖な海の浅瀬で形成される大半の石灰岩
と同じく、大ツィンギはおよそ2億年前に海
中で誕生した。方解石が堆積し、厚い石灰岩
の鉱床を作り出したのだ。地殻の活動や、更
新世の氷河期に起きた海の後退により、この
堆積岩はやがて地表に露出する。モンスーン
の時期になると熱帯雨が降り注ぎ、それが何
百万回も続いて、穴だらけの柔らかい岩を

徐々に溶かしていった。そうしてでき上がったのが、硬くギザギザした石のとげをまとった、ヤマアラシのような地形である。

　人間にとっては近づきがたい場所であるが、大ツィンギは地面のところどころに植物が密集して豊富に育っており、キツネザルをはじめとする多様な生物を引きつけている。肉食獣のコバマングース、ワオキツネザル、数種のコウモリ、100種以上の鳥、45種の爬虫類が、この広大な土地を丸ごと占有してい

るのだ。

　ツーリ・キツネザルを見つけ出した人類学者の1人によると、キツネザルも「岩場を歩くことはできない」という。ただしこの動物には、猫のような俊敏さや、あちこちを飛び回るのを好む習性がある。絶滅を最も危惧されているキツネザルにとって、岩の柱があり、エサになる木の葉や実の蓄えがあり、物理的に隔離された大ツィンギは、生き延びるのに驚くほど適した環境なのだ。

国営ひたち海浜公園

日本
茨城県ひたちなか市

見渡す限りの花が楽しめる場所として
世界に知れ渡るのが、国営ひたち海浜公園だ。
特に4～5月、一面を鮮やかな青に染めるネモフィラは圧巻だ。

　スウェーデンの植物学者カール・リンネは、あらゆる生物の分類システムを考案した分類学の父として知られる。彼はウプサラ大学（スカンジナビア最古の大学）の医学教授だった1740年代、植物が季節の変化にどう対応しているのか、また1日のサイクルにどう対応しているのかという点に興味を持った。

　ウプサラ大学でのリンネの仕事の1つは、構内の植物園を監督して適切な状態に保つことだった。彼は植物園に面した部屋を大学から与えられ、数年にわたって、植物の微細な変化を何時間も観察し続けた。特定の品種が定期的に花を開いたり閉じたりする様子を観察し、1日ごとの変化や季節ごとの変化をそれぞれの品種に分けて記録した。

　リンネはこのデータを利用し、1751年の著書『植物哲学』の中で、「ホロロジウム・フローラ（花時計）」というアイデアを提案した。特定の花やハーブを時間に合わせて配置し、有機的な「生きる時計」として機能させようというものだ。園芸と時計学とを実質的に組み合わせ、植物が芽を出し、開花し、枯れていくまでを規則正しく表現しようという試みである。そうした花時計の想像図をリンネはイラストに残しているが、彼自身がわざわざ花時計を植えたかどうかは疑わしい。

色彩のカレンダー

　国営ひたち海浜公園は、私たちが時計を合わせるのにふさわしい場所ではないかもしれない。だが、ここではリンネのアイデアにも匹敵する植栽計画が行われ、季節の変化に応じて、世界中のどの庭園よりも色彩豊かな景色が生まれている。東京から2時間ほど離れた、茨城県の沿岸都市ひたちなかにあるこの公園は、350ヘクタールの総面積を有する。見どころは植物ばかりではなく、海辺の定番の娯楽、たとえば観覧車、ジェットコースター、ゴルフガーデン、BMXコースやサイクリングコースなども用意されている。

　園内の広大な花壇や草地は、さながら色彩のカレンダーだ。毎年決まった時期に何百万本ものラッパスイセンや170種のチューリップが開花し、訪れる人々の目を楽しませている。公園の中心には広大な「みはらしの丘」があり、丘を縦横に走る何本もの小道からは、太平洋を望み、公園全体を見下ろす素晴らしい景色が楽しめる。

ネモフィラハーモニー

　みはらしの丘は園内で最もカラフルかつ、色の魅力にあふれた場所でもある。というの

も、ここは4月から5月にかけて、アイシャドゥのような鮮やかな青に染まる。450万本ものネモフィラ（ベイビー・ブルー・アイズ）の花が、丘の土手を埋め尽くすように咲き乱れるのだ。その美しい色合いは、近くにある海の水晶のような色をも凌ぐほどである。このイベントは、地元では「ネモフィラハーモニー」と呼ばれている。

1年の反対側に当たる10月には、丘を埋め尽くすコキアの茂みが、エメラルドグリーンから燃えるような赤に変化する。夏から秋へ季節が移り変わり、気候が涼しくなるにつれ、次第に色が変わっていく。このように、ひたち海浜公園では季節の変化によって明暗が演出され、蒔かれた種子によって時間が印象的に区切られているのである。

4〜5月のひたち海浜公園の様子。見渡す限りの広い範囲に、数百万本のネモフィラの繊細な花が満開になっている。

カンフランク駅

スペイン
カンフランク

この駅は、ピレネー山脈を縦断する鉄道のスペインと
フランスの国境付近にある。豪華な駅舎は「山のタイタニック」と
呼ばれたが、歴史に翻弄され、船と同様「沈没」した。

鉄道駅はそれ自体が目的地として、または
どこか別の場所への玄関口として、無限の可
能性を示しながら私たちの想像力を掻き立て
る。駅は、何らかの決意表明の場になること
もある。新たに敷かれる線路は、私たちを旅
にいざない、未知の世界へと——あるいは少
なくとも隣町へと——連れていってくれる。

だがカンフランク駅には、もっと大きな役
割が期待された。2国間の架け橋になること
が期待されたのである。フランス・スペイン
間の旅行と通商を可能にするため、硬い岩山
にトンネルをいくつも通すなどして進められ
た大胆なプロジェクトの集大成として、この
駅は建設された。

山のタイタニック

ピレネー山脈の高地に位置し、スペイン側
のフランス国境近くにあるカンフランク駅
は、後期アール・ヌーボー様式の壮大な建物
だった。駅の開業式は1928年、フランス大統
領ガストン・ドゥメルグやスペイン国王アル
フォンソ13世の臨席のもと、盛大かつ豪華に
行われた。ヨーロッパで史上2番目の長さを
誇るホームは全長が200メートル以上あり、
駅本館は365個の窓——これは1年の日数と同
じだが、なぜそのような数にしたのかは謎の

ままだ——と何百ものドアを備えていた。こ
れらはすべて、山腹の村に住むわずか500人
のために提供されたものだった。

スペインとフランスでは鉄道のゲージが異
なるため、国境を越えようとする旅行者はみ
な、カンフランク駅で乗り換えなければなら
なかった。当時この駅には「山のタイタニッ
ク」という愛称が付いていたが、建物の豪華
さからすればさほど意外な名前ではない。

1929年のウォール街大暴落後は、コンコー
スを彩る乗客が1日50人ほどに減ったため、
カンフランク駅も完全に「沈没」するのでは
ないかという予測が広まった。実際、スペイ
ン内戦が最も激化していた時期には、フラン
コ将軍によって一時的に閉鎖されている。し
かし第二次世界大戦中に路線が再開すると、
ファシズムから逃れようとするユダヤ人の避
難経路として、また連合国軍のスパイ活動の
ルートとしても利用された。さらに、この鉄
道はナチスに乗っ取られたこともあった。

美しい廃墟

列車の運行は戦後まで続けられたものの、
線路は十分に管理されず、駅は次第に荒廃し
ていった（ボリス・パステルナークによるロ
シアの大河小説『ドクトル・ジバゴ』が1965

年に映画化された際、監督のデビッド・リーンがカンフランク駅をセットに使用したとの話もあるが、その真偽は今も議論されている)。1970年、列車が脱線事故を起こしてフランス側の線路を破損すると、カンフランク駅はとうとう閉鎖された。駅舎は打ち捨てられ、好き放題に荒らされた。壁は落書きされ、切符売り場は破壊された。

　近年、アラゴン州の地方自治体がカンフランク駅を購入し、屋根の修復を行った。いずれはホテルと駅ビルの複合施設に改装し、ピレネー山脈を走る鉄道交通を再開したい考えだ。フランス側の終着駅であるボルドーの関係者もこの計画を支持しており、ブリュッセ

ルにあるヨーロッパ連合（EU）が財政支援
を約束している。

　現在は1日2本のローカル線がカンフラン
ク駅のそばを走っているが、元の駅舎は依然
として美しい廃墟のままだ。いくらか不名誉
ではあるものの優雅な過去と、今なお不確実
な未来との間に、この駅はたたずんでいる。

過去の栄光がよみがえる日を待つカンフランク
駅。現在は安全帽を着用のうえ、ガイド付きで
構内の壮大なロビーを見学することが可能だ。
線路を外れた場所には、かつてこの路線で使わ
れていた車両が錆びついたまま鎮座している。

主要参考文献

This publication owes an enormous debt to numerous other books and articles. This select bibliography will, hopefully, give credit where credit is due and point those who want to know more in the right direction.

- Allegro, John M. The Dead Sea Scrolls, Penguin, Harmondsworth, 1957

- Aujoulat, Norbert. *The Splendour of Lascaux: Rediscovering the Greatest Treasure of Prehistoric Art*, Thames & Hudson, London, 2005

- Baker, Mark; Fallon, Steve. *Romania & Bulgaria*, Lonely Planet Guides, Footscray, Victoria, 2013

- Beuke, Mary Beth. *The Ultimate Guide to Sea Glass: Beach Comber's Edition: Finding, Collecting, Identifying, and Using the Oceans Most Beautiful Stones*, Skyhorse Publishing, Delaware, 2016

- Bloomfield, Andrew. *Call of the Cats: What I Learned About Life and Love from a Feral Colony*, New World Library, Novato, California, 2016

- Box, Ben. *Cuzco, La Paz & Lake Titicaca*, Robert and Daisy Kunstaetter, Footprint, Bath, 2011

- Brooks, Christopher. *Black Rock Desert*, Arcadia Publishing: Images of America, Charleston, South Carolina, 2013

- Brown, Alfred Gordon. *Madeira: A Concise Guide for the Visitor*, Union-Castle Mail Steamship Co., London, 1951

- Brown, Roslind Varghese; Spilling, Michael. *Tunisia; Cultures of the World*, Cavendish Square Publishing, London, 2008

- Coarelli, Filippo, et al. *Pompeii*, Riverside, New York; David & Charles, Newton Abbott, 2002

- Ciarallo, Annamaria, De Carolis, Ernesto, eds. *Around the Walls of Pompeii: the Ancient City in its Natural Environment*, Electa, Milan, 1998

- Correia, Mariana; Dipasquale, Letizia; Mecca, Saverio, eds. *VERSUS: Heritage for Tomorrow: Vernacular Knowledge for Sustainable Architecture*, Firenze University Press, Firenze, 2014

- Chrystal, Paul. *Secret Knaresborough*, Amberley, Stroud, 2014

- Darke, Diana. *Eastern Turkey*, Bradt Travel Guides, Chalfont St. Peter, 2014

- Dolson, Hildergarde. *They Struck Oil: The Gaudy and Turbulent Years of the First Oil Rush: Pennsylvania 1859–1880*, Hammond, Hammond & Co, London, 1959

- Darwin, Charles. *The Origin of Species and the Voyage of the Beagle*, Vintage Classics, London, 2009

- Eisenberg, Azriel Louis. *The Great Discovery: the Story of the Dead Sea Scrolls*, Abelard-Schuman London, New York, 1957

- Elliot, W. R. *Monemvasia: The Gibraltar of Greece*, Dobson, London, 1971

- Elborough, Travis. *A Walk in the Park: The Life and Times of a People's Institution*, Jonathan Cape, London, 2016

- Farrow John; Farrow, Susan. *Madeira: the Complete Guide*, Hale, London, 1990, 1994

- Gillespie, Rosemary G; Clague, David. *Encyclopedia of Islands*, University of California Press: Oakland, 2009

- Gillon, Jack; Parkinson, Fraser. *Leith: Through Time*, Amberley Publishing, Stroud, 2014

- Gunn, John, ed. *Encyclopedia of Caves and Karst Science*, Routledge, London, 2004

- Grant, K. Thalia; B. Estes, Gregory. *Darwin in Galápagos: Footsteps to a New World*, Princeton University Press, Princeton, N.J., 2009

- Graves, Robert. *The Greek Myths*, Penguin Books, Harmondsworth, 1955

- Grandin, Greg. *Fordlandia: The Rise and Fall of Henry Ford's Forgotten Jungle City*, Icon, London, 2010

- Hadden, Peter. *North New Zealand: A Natural History of the Upper North Island*, Wairau Press, Random House, Auckland, 2014

- Harris, David. *Sierra Leone: A Political History*, Hurst & Company, London, 2013

- Hess, John. *The Galápagos: Exploring Darwin's Tapestry*, University of Missouri Press, Columbia, MO; London, 2009

- Howse, Christopher. *The Train in Spain*, Continuum/Bloomsbury, London, 2013

- Kalder, Daniel. *Lost Cosmonaut: Travels to the Republics that Tourism Forgot*, Faber and Faber, London, 2006

- Kalligas, Charis A. *Monemvasia: A Byzantine City State*, Routledge, London; New York, 2010

- Jorgensen, Anna; Keenan, Richard, eds. *Urban Wildscapes*, Routledge Abingdon, UK; New York, 2012

- Krajeski, Jenna. 'Death in Garbage City', *The New Yorker* magazine, 9 March 2011

- Lebow, Katherine. *Unfinished Utopia: Nowa Huta, Stalinism, and Polish Society, 1949–56*, Cornell University Press, Ithaca, New York, 2013

- Leffman, David, et al. *The Rough Guide to China*, Rough Guides, London, 2017

- Marriott, James; Minio-Paluello, Mika. *The Oil Road: Journeys from the Caspian Sea to the City of London*, Verso, London, 2012

- Mayson, Richard. *Madeira: The Islands and their Wines*, Infinite Ideas, Oxford, 2015

- Morritt, Hope. *Rivers of Oil: The Founding of North America's Petroleum Industry*, Quarry Press, Kingston, Ontario, 1993

- Nairn, Ian. *Nairn's London*, Penguin Classics, London, 2015

- Nicholls, Henry. *The Galápagos: A Natural History*, Profile Books Ltd, London, 2014

- Nicholson, Geoff. *Walking in Ruins*, Harbour Books, Bath, 2013

- Packham, Chris, foreword by. *Natural Wonders of the World*, Dorling Kindersley Limited, London, 2017

- Panetta, Marisa Ranieri, ed. *Pompeii: The History, Life and Art of the Buried City*, White Star Publishers, Novara, Italy, 2012

- Pauketat, Timothy R. *Cahokia: Ancient America's Great City on the Mississippi*, Viking, New York, 2009

- Pohlen, Jerome. *Oddball Florida: A Guide to Some Really Strange Places*, Chicago Review Press, Chicago, IL., Gazelle, Lancaster, 2003

- Raffaele, Paul. *Among the Cannibals: Adventures on the Trail of Man's Darkest Ritual*, Smithsonian Books, Collins, New York, 2008

- Reader's Digest. *Discovering the Wonders of our World*, Reader's Digest Association, London, 1993

- Ruspoli, Mario, translated from the French by Sebastian Wormell. *The Cave of Lascaux: The Final Photographic Record*, Thames and Hudson, London, 1987

- Russell, David Lee. *Oglethorpe and Colonial Georgia: A History, 1733–1783*, McFarland & Co., Jefferson, NC; London, 2006

- Sanders, Don and Susan. *The American Drive-In Movie Theatre*, Motorbooks International, St. Paul, MN, Sparkford, Haynes, 2003

- Sayre, Roger. *From Space to Place: An Image Atlas of World Heritage Sites on the 'in Danger' List*, World Heritage Series, UNESCO Publishing, Paris, France, 2012

- Schama, Simon. *Rough Crossings: Britain, the Slaves and the American Revolution*, BBC Books, London, 2006

- Snow, Richard. *I Invented the Modern Age: The rise of Henry Ford*, Scribner, New York, 2013

- Stewart, Paul D. *Galápagos: The Islands that Changed the World*, BBC Books, London, 2006

- Stoneman, Richard. *A Traveller's History of Turkey*, Armchair Traveller, London, 2011

- Thornton, Ian. *Darwin's islands: A Natural History of the Galápagos*, Natural History Press, New York, 1971

- Twitchell, James B. *Winnebago Nation: The RV in American Culture*, Columbia University Press, New York, 2014

- Velton, Ross. *Mali*, Bradt Travel Guides, Chalfont St. Peter, 2009

- Vermes, Geza. *The Story of the Scrolls: The Miraculous Discovery and True Significance of the Dead Sea Scrolls*, Penguin, London; New York, 2010

- Walker, Brett L. *A Concise History of Japan*, Cambridge University Press, Cambridge, 2015

- Welsh, Irvine. *The Blade Artist*, Jonathan Cape, London, 2016

- Welsh, Irvine. *Trainspotting*, Minerva, London, 1994

- Wheeler, Tony. *Papua New Guinea: A Travel Survival Kit*, Lonely Planet, Hawthorn, Vic., London, 1993

- Wilson, Thomas D. *The Oglethorpe Plan: Enlightenment Design in Savannah and Beyond*, University of Virginia Press, Charlottesville, 2015

- Windels, Fernand. *The Lascaux Cave Paintings*, Faber and Faber, London, 1959

- Windsor, Diana. *Mother Shipton's Prophecy Book: The Story of her Life and her Most Famous Prophecies*, Mother Shipton's Cave Ilex Leisure Ltd, Knaresborough, 1996

- Young, Biloine Whiting; Fowler, Melvin J. *Cahokia: The Great Native American Metropolis*, University of Illinois Press,Urbana, 1999

謝 辞

　まず、『Atlas of Improbable Places』の続編のコンセプトを提案してくれた編集者のルーシー・ウォーバートン、それに沿って書き起こした文章を熱心に整理・編集してくれたアナ・サウスゲートに感謝の意を表します。

　また、ロンドンはセント・パンクラスの大英図書館、セント・ジェームズ・スクエアのロンドン図書館、ハックニー図書館ストーク・ニューイントン分館のスタッフと司書の方々にお礼を申し上げます。

　最後に、現在だけなく古代も含めた私の友人たち、大西洋をはさんで暮らす家族や親戚、そして美しく聡明な妻エミリー・ビックに感謝します。

　エディンバラ市議会ならびにリース港湾住宅協会がコレクティブ・アーキテクチャおよびマルコム・フレイザー・アーキテクツとともに計画したリース・フォート集合住宅の画像掲載にあたり、ご協力いただいたコレクティブ・アーキテクチャに、出版社より感謝申し上げます。

写真クレジット

索引

ナショナル ジオグラフィック協会は1888年の設立以来、研究、探検、環境保護など1万3000件を超えるプロジェクトに資金を提供してきました。ナショナル ジオグラフィックパートナーズは、収益の一部をナショナルジオグラフィック協会に還元し、動物や生息地の保護などの活動を支援しています。

日本では日経ナショナル ジオグラフィック社を設立し、1995年に創刊した月刊誌『ナショナル ジオグラフィック日本版』のほか、書籍、ムック、ウェブサイト、SNSなど様々なメディアを通じて、「地球の今」を皆様にお届けしています。

nationalgeographic.jp

あの場所の意外な起源
断崖絶壁寺院から世界最小の居住島まで

2020年10月26日　第1版1刷

著　者	トラビス・エルボラフ
	マーティン・ブラウン
翻　訳	湊 麻里／鍋倉 僚介
編　集	尾崎 憲和
編集協力・制作	リリーフ・システムズ
装丁・デザイン	清水 真理子（TYPEFACE）
発行者	中村 尚哉
発　行	日経ナショナル ジオグラフィック社
	〒105-8308 東京都港区虎ノ門4-3-12
発　売	日経BPマーケティング
印刷・製本	日経印刷

ISBN978-4-86313-480-5　Printed in Japan

乱丁・落丁本のお取替えは、こちらまでご連絡ください。
https://nkbp.jp/ngbook